Renaître par le Deuil

(Le Pouvoir de la Grâce)

Jocelyne SOYEZ

Du même auteur

(Également chez B.O.D.)

Le Phare dans la Nuit, Naissance d'un Passeur d'Âmes, 2013
Le Livre de la Vie – Messages Célestes et autres bienfaits, 2016

Pour contacter l'auteure : jocelyne.soyez@laposte.net
Site : wixvienergiedeuillille/Jocelyne SOYEZ

Renaître par le Deuil (le Pouvoir de la Grâce) © 2018
Tous droits réservés
ISBN : 978-23-221-8913-7

« Il restera de toi ce que tu as donné.
Au lieu de le garder dans des coffres rouillés.
Il restera de toi de ton jardin secret.
Une fleur oubliée qui ne s'est pas fanée.
Ce que tu as donné, en d'autres fleurira.
Celui qui perd sa vie, un jour la trouvera.
Il restera de toi ce que tu as offert.
Entre les bras ouverts un matin au soleil.
Il restera de toi ce que tu as perdu.
Que tu as attendu plus loin que les réveils,
ce que tu as souffert, en d'autres revivra.
Celui qui perd sa vie, un jour la trouvera.
Il restera de toi une larme tombée.
Un sourire germé sur les yeux de ton cœur.
Il restera de toi ce que tu as semé.
Que tu as partagé aux mendiants du bonheur.
Ce que tu as semé, en d'autres germera.
Celui qui perd sa vie, un jour la trouvera. »

Simone Veil

*Je dédie ce livre à tous ceux qui ont perdu un être cher.
Le deuil est l'une des plus grandes épreuves de la vie.
Que cette lecture vous aide à retrouver l'espoir
pour continuer votre route.*

L'auteure,

Jocelyne Soyez

*Je remercie tout particulièrement
Virginie GALLOIS, illustratrice de la couverture*.*

---

* Dessin : « *Paysage sédimentaire #25* », 2018.

Prélude

Voici mon troisième livre.

Je savais que je l'écrirais. Nous sommes en janvier 2018 et j'ai la conviction que c'est le moment pour en commencer l'écriture.

Le Phare dans la Nuit évoquait le début d'un long chemin pour moi, débuté avec fracas par le décès brutal de mon ami Bernard en 1994, remettant en cause mes certitudes, mes croyances et la suite de ma vie.

Un second deuil proche en 2008 m'a ouvert bien d'autres portes depuis.

À ce jour, ma mission consiste à être « facilitatrice dans les deuils et passages de la vie » dans les domaines suivants :
– aider les endeuillés à poursuivre leur route malgré le vide et la souffrance vécus suite au départ de l'être cher, leur permettre de retrouver un sens à leur vie, dans le respect de leurs croyances ;
– soutenir dans les différents passages de l'existence qui sont multiples ;
– soulager, permettre de retrouver l'harmonie, la fluidité en accompagnement personnalisé, en prenant en compte la personne dans sa globalité tant au niveau physique qu'au niveau de l'âme. La mener vers la reconnexion de son soi profond émotionnel, spirituel, physique et mental ;
– la guider dans son cheminement spirituel ;
– nettoyer ou couper des mémoires qui font stagner les per-

sonnes, qu'elles proviennent de la vie actuelle, d'un ancêtre familial (travail en psycho-généalogie) ou karmiques. Nos vies précédentes (pour ceux qui croient en la réincarnation) ont laissé des traces indélébiles et font en partie ce que nous sommes.

Ce livre évoquera principalement le deuil suite à la perte de l'être aimé et ses différentes étapes. Il vous aidera à mieux comprendre les réactions et émotions que cette situation douloureuse engendre.

J'aborderai l'approche du deuil dans les différentes civilisations puis les situations de deuils particulières.

Et puisque les pertes sont nombreuses sur le chemin terrestre, à plus grande échelle et selon « la carte du monde » de chacun, vous aurez de l'aide pour avancer plus sereinement en fonction de leurs spécificités.

Oui, écrire ce livre s'impose à moi comme une évidence à ce jour. Après un parcours évolutif de 25 années, depuis le départ de mon ami Bernard.

Transmettre fait partie de ma mission : l'aide aux autres qui s'est mise en place depuis bien longtemps, suite aux raisons évoquées ci-dessus, et à un métier de 21 années dans le secteur social.

Bonne lecture, j'espère de tout cœur que mon but sera atteint : celui de vous soutenir, de vous éclairer et de vous guider sur ce chemin de vie avec ses joies et ses peines. Chemin ardu parfois mais si riche et si appréciable quand on peut en goûter la quintessence.

Bien à vous.

L'auteure

Chapitre 1

Définition du deuil

*« Nous sommes tous des chrysalides ;
au moment de mourir, notre cocon s'ouvre
et nous devenons papillons. »*
Élisabeth Kübler-Ross

Le deuil est un processus d'adaptation lié à toute perte ou tout manque qui a de la valeur pour nous.

Le mot « deuil » vient du latin *dolere* qui signifie mourir. C'est la souffrance qui accompagne une perte.

Quand survient le décès d'un être cher, chacun aura sa propre réaction et vivra son deuil à sa manière.

Cette situation, encore trop taboue à évoquer dans nos civilisations modernes, touchera pourtant chacun de nous au cours de notre parcours, puisque la mort fait partie de la vie.

L'endeuillé entre dans une peine profonde et pense qu'il n'arrivera jamais à la surmonter, à continuer d'avancer.

Selon moi, cela entraîne le changement de conception de son propre cheminement et rien ne sera jamais plus comme avant.

La souffrance insupportable est là. Bien sûr, elle s'exprimera à des degrés différents selon le lien avec le défunt, les circonstances et l'âge de la mort, notre vécu, notre personnalité, nos croyances, nos valeurs, etc.

Chacun va donc cheminer à sa manière. Cette période de deuil peut être plus ou moins longue jusqu'à l'acceptation qui arrivera à un moment donné… ou pas. Elle peut s'éterniser et bloquer l'avancement de l'endeuillé.

J'ai reçu des patients qui ont « arrêté de vivre » le jour du décès de leur être cher.

Le temps du deuil sera différent pour chacun : 6 mois, 1 an, 2 ans, 3 ans, 10 ans ou toute une vie, selon qu'on aura réalisé la perte, dépassé ses émotions et réorganisé sa vie autrement sans l'être aimé. L'endeuillé ira à son propre rythme en fonction de certains critères qui lui sont propres. La fin de la première année est souvent la plus difficile car on se remémore les bons moments vécus : le temps des fêtes et des anniversaires ravive la plaie.

On avancera par paliers, avec des périodes de stase où l'horizon semblera ne pas vouloir se dégager et avec l'impression, à d'autres moments, de franchir un « cap ».

La souffrance sera donc plus ou moins intense et s'exprimera différemment selon les personnes : pleurs, repli sur soi, grande lassitude physique, mentale, grande agitation...

Le travail de deuil commence quand on met des choses en place pour dépasser cette souffrance.

La manière de vivre et de ressentir la perte sera différente selon la culture et la religion, entraînant des situations de deuil totalement diverses.

Dans tous les cas, le travail de deuil prend son temps. Il est impossible et non souhaitable de vouloir aller vite.

Il faut travailler à lâcher ses émotions, les ressentir, les accueillir, se reconnecter à son soi profond.

Certains seront écrasés sous le poids du renoncement, ne vivant plus pour eux-mêmes et n'arrivant plus à faire de projets.

La perte d'un être cher fera souvent remonter les deuils moins graves vécus auparavant. S'ils n'ont pas été gérés, l'explosion n'en sera que plus forte. Il est donc important de ne pas laisser s'enkyster ces difficultés, entraînant une souffrance intolérable qui rongera l'endeuillé. D'où, comme je le dis lors de mes conférences, l'importance de travailler à soi-même au fur et à mesure du chemin, de « vider ses valises ou ses malles » pour mieux pouvoir faire face à cette immense perte.

Le vécu du deuil est vraiment une période très particulière. Il est très important d'y prêter attention.

Chacun devra apprendre à vivre sans l'être cher.

Heureusement, bien souvent, les proches sont là pour soutenir et aider. En plus de cela ou dans le cas contraire, il ne faut pas hésiter à se faire aider par des associations ou des thérapeutes spécialisés dans ce domaine, qui sauront écouter la personne sans la juger et dans le respect de ses croyances, et la guidera vers d'autres organismes si nécessaire.

Ce que je souhaite à chaque endeuillé est d'arriver, après parfois un long chemin de deuil, à la résilience. Elle permet d'avancer positivement malgré l'adversité, dans tous les domaines de la vie, de faire face à des situations difficiles ou génératrices de stress. Ce concept de « naviguer entre les torrents » a été introduit en France par Boris Cyrulnik.

Mais bien souvent pour en arriver là il faudra engager une thérapie. Au bout d'un certain temps, la personne trouvera assez de forces en elle pour poursuivre son chemin.

Je veux vous donner de l'espoir, en disant que cela est possible même s'il faut traverser des déserts, des montagnes, affronter la solitude, le gouffre béant.

La vie nous apporte ce qui est nécessaire à notre évolution

même si cela semble injuste, le but étant de nous rendre plus forts face à l'adversité, et chacun fera de son mieux.

Chapitre 2

Le deuil dans les différentes civilisations et religions

*« Ce qui nous différencie d'un pays, d'une culture,
d'une tradition à l'autre, ce sont
nos représentations et nos croyances
liées à la mort,
et notre façon d'être en deuil. »*

La mort arrive lorsqu'un être vivant cesse d'accomplir les fonctions de la vie comme respirer, se nourrir, bouger, grandir ou penser.

Les manières de mourir sont diverses : vieillesse, maladie, accident, suicide, meurtre...

Suite à cela on procèdera aux rites funéraires. Il s'agit d'un ensemble de gestes, de coutumes et de paroles, de danses parfois, accompagnant l'agonie puis la mort d'une personne pour l'honorer et l'accompagner.

L'être humain sait qu'il va mourir et se prépare à enterrer ses morts. On s'occupe du corps pour le respecter et parce que c'est une tradition universelle.

Diverses méthodes sont alors utilisées : l'embaumement (soins de thanatopraxie), la crémation, l'inhumation (tombe), parfois l'immersion en mer.

Certaines peuplades mangent les cendres du cadavre incinéré ; d'autres font l'offrande du cadavre aux vautours (peuples de l'Himalaya).

Des rites funéraires ont été observés pour les animaux : par exemple on a retrouvé des chats momifiés dans l'Egypte ancienne.

Suite aux rituels, le travail de deuil peut alors commencer.

Ces pratiques existent depuis la préhistoire et seront différentes selon les cultures et les croyances.

De par ces dernières, on entoure le corps du défunt et sa famille au moment du décès, on prononce des paroles apaisantes pour l'entourage et, dans certaines croyances, on soutient le mort pour le passage vers un ailleurs.

Les rituels ou coutumes permettent de dire au revoir, de rendre hommage au défunt en parlant de sa vie, de qui il était, de ce qu'il a apporté.

À ce jour, il faut néanmoins remarquer une disparition partielle de certains rites et c'est dommage car ils facilitaient le travail de deuil. Auparavant, les cérémonies d'enterrement, les visites au domicile du défunt, le port du deuil en s'habillant de noir ou le ruban noir porté au travers du veston étaient monnaie courante.

La vie s'est accélérée, les familles sont éclatées et, pour beaucoup, on se doit de ressortir victorieux de la maladie, au vu de l'évolution rapide de la médecine depuis un siècle.

Voici, ci-après, un survol des rites funéraires dans les différentes époques et cultures.

— I —
RITES FUNÉRAIRES DANS LES DIFFÉRENTES ÉPOQUES

Très tôt, nos ancêtres ont cru que la vie ne s'arrête pas sur terre, qu'elle se poursuit après le décès dans un autre monde.

1 – La Préhistoire

Les hommes préhistoriques, semble-t-il, pressentaient que la mort marquait une frontière vers une autre vie et n'était pas la fin de tout.

Comme ils n'écrivaient pas encore, ils décoraient les parois des cavernes de symboles mystérieux : spirales, cercles, points. Les hommes de Néanderthal enterraient leurs morts avec des fleurs. Les plus anciennes sépultures retrouvées proviennent de ce peuple (-80 000 ans).

Ils pratiquent l'inhumation en pleine terre sous des pierres plates, posant à côté du mort : armes, outils et nourriture, pour les accompagner peut-être dans une autre existence.

Au néolithique (-30 000 ans), il existait une sorte de rituel : les corps étaient tous posés dans la même position, couverts de fleurs.

Au paléolithique supérieur (-40 000 à -12 500 environ), les homo-sapiens honorent leurs morts, regroupant dans la même sépulture deux, trois personnes voire plus. On utilise la pierre et des ornements (os de mammouth, dalles de calcaire protégeant les corps). La tombe s'enrichit d'objets divers tel que : silex, os travaillés, coquilles perforées, bijoux, armes, figurines, etc. On recouvre certaines dépouilles d'ocre rouge.

Plus tard dans le temps, on observe des sépultures collectives, des chambres funéraires sous des tumulus rassemblés dans des sortes de cimetières.

Apparaît aussi la crémation en Europe, à la fin de l'âge de bronze (-1000 à -800 avant J.C.).

Les hommes respectaient déjà leurs défunts par ces pratiques et on imagine leur affliction et leur tristesse.

2 – L'Antiquité

✵ L'Égypte

Les Égyptiens voulaient laisser derrière eux quelque chose de concret pour l'éternité par leur art, leurs momies et leurs pyramides ou mastabas, selon l'époque.

La momification : les premières momifications datent de 3 000 avant J.C. Elles concernent les personnages les plus riches. Avant celle-ci, les organes internes, sauf le cœur, étaient enlevés du corps ainsi que le cerveau. Ils étaient ensuite nettoyés avec du vin de palme et du natron, puis mis dans des vases canopes. Le corps baigne dans un bain de natron de 2 à 70 jours pour les plus aisés. Puis, on procède à la momification en l'entourant de bandelettes. Pour faire ce travail, il fallait de solides connaissances en anatomie. Les prêtres plaçaient des amulettes avec des formules inscrites, entre les bandelettes pour permettre la survie du défunt dans l'au-delà.

Les bandages permettaient de conserver l'intégrité physique. Puis on couvre le visage d'un masque. Le mort est conduit dans sa chambre funéraire et on y dépose des offrandes pour le nourrir et l'habiller. Le Livre des Morts sous forme de papyrus est déposé dans le sarcophage. Les Égyptiens pensaient que le défunt poursuivait sa route dans le royaume des morts. Les deux parties de l'âme sont le Ba et le Ka. Le Ba représente l'individu, sa personnalité. Le Ka est la partie de l'âme qui transmet l'énergie vitale. La conservation du corps est nécessaire pour que le Ka puisse vivre plus longtemps et que le Ba puisse retourner chaque nuit dans le corps physique. Le but de chaque défunt est de rejoindre le dieu Osiris qui est le juge suprême du tribunal des morts.

Le défunt, initié pendant sa vie terrestre aux mystères de son dieu, pouvait connaître la résurrection dans le royaume des morts, mais il fallait survivre dans l'au-delà. Le voyage vers Osiris est dangereux, le décédé étant sans cesse menacé par des démons gardant les portes à franchir et qui veulent le tenir captif. De nombreuses épreuves doivent être surmontées pour passer des lieux maudits et ne pas y rester pour l'éternité. L'initiation reçue permettra de trouver sa route et de traverser les 21 portes, les 7 chambres et les 15 salles de l'autre monde.

L'initié apprenait l'essentiel dans *le livre de l'Amdouat,* en retenant de nombreuses formules pour parcourir le chemin de l'au-delà et arriver à son dieu.

Enfin il arrive devant le tribunal des morts, présidé par Osiris, dans la salle des deux vérités. Une vie vertueuse garantit une vie dans l'au-delà. Il doit répondre à de nombreuses questions et énumérer 42 péchés, en affirmant n'en avoir commis aucun, ce que les 42 juges vérifient. Posé sur un plateau de la balance, son cœur est alors pesé (psychostasie) par le dieu Chacal Anubis. Il doit être plus léger ou égal à la plume de Maât (déesse de la justice), posée sur l'autre plateau, pour gagner l'au-delà. S'il est plus lourd et qu'il a donc péché, il ne peut être sauvé. Le cœur est alors dévoré par Ammout, la « dévoreuse » et le défunt meurt une seconde fois.

Au contraire, une vie vertueuse assurait une vie heureuse et il accédait alors à la vie éternelle.

Les funérailles : on transporte le corps sur un traîneau, les vases canope sur un autre traîneau avec le cortège des pleureuses. La momie est recouverte de fleurs. Le prêtre pratique le rituel de « l'ouverture de la bouche », grâce auquel on pensait que la momie reprenait vie. On l'enferme dans son sarcophage et on l'entoure de ses objets favoris et d'offrandes. Les convives organisent un banquet devant la tombe. On considérait qu'il fallait un tombeau pour que l'âme ne devienne pas errante.

Il y a eu trois formes de tombes : les mastabas, les pyramides et les hypogées, selon les époques, les raisons religieuses et les questions de sécurité.

❋ LA GRÈCE ANTIQUE

Le tombeau est nécessaire pour éviter l'errance du défunt. On commence par la toilette et on l'expose sur un lit d'apparat, au milieu des cris et des gestes de lamentation faisant partie du rituel. La famille, en habit de deuil, se coupe parfois les cheveux.

Le transport du corps a lieu le matin de bonne heure sur un chariot, vers la nécropole, avec l'accompagnement des pleureuses. On brûle parfois le défunt sur un bûcher avec ses objets familiers. Les cendres sont mises dans une urne. On dispose dans le tombeau des fleurs (asphodèles). Le défunt est enterré avec une obole (paiement pour traverser en barque le fleuve avec Charon qui permet de passer le fleuve des Enfers). On dresse une stèle ou un vase en marbre sur la tombe portant le nom du disparu.

Après les obsèques, les invités mangent dans la maison des proches. Puis on rend hommage au défunt les troisième, neuvième et trentième jour après les funérailles ainsi qu'aux jours anniversaires. On apporte alors un repas funèbre au mort pour qu'il protège les membres de sa famille.

❋ LA ROME ANTIQUE

La classe sociale à laquelle on appartient entraîne des différences dans les rites funéraires.

Les esclaves sont jetés dans une fosse commune sans cérémonie.

Les Plébéiens représentés par le peuple, la classe la plus

nombreuse, sont exposés une journée avant d'être incinérés, entourés de leur famille. On invoque le mort à trois reprises. Puis on le lave et on le dépose dans l'atrium, pièce principale de la maison. On glisse là aussi une pièce dans sa bouche pour payer Charon, qui le fera passer à travers le fleuve des Enfers, sous peine d'errer sans fin.

Puis le corps est conduit dans la nécropole, à l'extérieur des remparts. Si la crémation a lieu, la famille lance des offrandes : nourriture, parfum, objets personnels. On prononce une oraison funèbre. On place les cendres dans une urne ensuite placée dans la sépulture familiale ou dans des tombes collectives.

En cas d'inhumation, le corps est déposé dans un sarcophage ou dans un cercueil de bois selon que l'on est riche ou pauvre. Il est entouré des objets qui lui seront nécessaires et également de l'obole dans la bouche toujours pour les mêmes raisons.

La famille porte le deuil pendant plusieurs mois.

3 – Les peuples anciens, quelques exemples

Quasiment tous les peuples anciens croyaient en la survie de l'âme après la mort physique. Les morts devaient, selon leurs croyances, traverser de nombreux obstacles tels des rapides, des canyons profonds, des fleuves.

✹ Les Mayas

Ils pensaient que la mort n'était pas naturelle, c'était l'œuvre des Dieux souvent affamés. C'est pour cela qu'ils effectuaient des sacrifices. Ils pensaient nourrir les Dieux avec le sang. Les animaux en firent les frais puis, plus tard, en période de guerre avec d'autres tribus, on sacrifia des prisonniers, des esclaves ou des enfants illégitimes.

On enterrait les morts sous le plancher de leur maison, la bouche remplie de nourriture et d'une perle de jade, symbole de la vie après la mort. On les entourait de leurs objets personnels. Les plus riches pouvaient être incinérés, les cendres mises dans une urne. On construisait un temple funéraire au-dessus de celle-ci.

✻ Les Incas

Ils pensaient que la mort était une conséquence naturelle de la vie. Les morts étaient placés en position de fœtus. Pendant la préparation du corps, les pleureuses se lamentaient et dansaient tristement. Pour eux, le corps était dirigé par deux âmes. Après le décès la première rejoignait la vie après la mort. L'autre restait dans le corps. C'est pourquoi les Incas momifiaient les morts et les inhumaient avec leurs affaires personnelles. Ils conservaient leurs viscères dans des vases. Le corps était rempli de goudron et desséché, le climat sec aidant à la conservation. Ils faisaient des offrandes aux multiples Dieux en lesquels ils croyaient, en sacrifiant des animaux et parfois des enfants.

✻ Les Aztèques

A l'approche de la mort, la personne pouvait se confesser à un prêtre et devait faire pénitence. La majorité des morts était incinérée. On brûlait de la nourriture comme offrande aux

Dieux et aussi des chiens, jusqu'à 80 jours après la crémation. Les offrandes devaient éviter que les morts ne viennent hanter les vivants. Les seigneurs étaient incinérés avec un masque de pierre, ou de turquoise, et leurs cendres mises dans une jarre, avec un morceau de jade comme chez les Mayas (le jade représentait la vie).

4 – Les Celtes

Pour les Celtes, la mort ne représentait pas la fin de la vie. L'ici-bas et l'au-delà étaient pour eux un seul et même monde, visible et invisible. Ils ne craignaient pas la mort, car croyaient en l'immortalité de l'âme.

Tout cela était enseigné par les druides, qui étaient les sages ou prêtres du peuple celte. Ils croyaient également en la réincarnation en homme ou en animal. Selon leurs conceptions, durant *Samain* fêté fin octobre, l'invisible frontière entre les vivants et les morts s'ouvrait. Dans l'au-delà se donnaient des fêtes continuelles, il n'y a plus de temps, la nature est nourricière et il n'y a pas de jugement suite à la vie qu'on a mené.

Les Celtes occupaient la majeure partie de l'Europe dans l'Antiquité, avant l'invasion des Romains.

Les druides supervisaient les cérémonies funéraires.

Le corps du défunt était placé en position fœtale sous un tas de terre ou de pierre créant un dôme ou tumulus.

Près des guerriers on disposait leur armement. Près des femmes on mettait leurs parures, bijoux, broches ciselées.

Les riches étaient accompagnés de leurs services en bronze.

Dès -400 avant J.C., les défunts sont enterrés sur le dos, toujours sans cercueil. Puis, par la suite, les corps sont enveloppés dans un linceul blanc après la toilette mortuaire et un très bel habillage.

Vers -300 avant J.C., la crémation au bûcher apparaît. Les cendres sont placées dans une urne en terre cuite, enterrée ensuite dans des « puits funéraires ».

Il n'y a pas de rituels fixes chez les Celtes.

– II –
LE DEUIL DANS LES DIFFÉRENTES CULTURES

Le processus de deuil varie considérablement selon les cultures, la mort ayant une signification différente entre les sociétés occidentales et les sociétés traditionnelles.

Mais que l'on soit chrétien, tibétain, musulman ou d'une tribu du Paraguay, on mourra tous un jour.

Les rituels de deuil aident à donner un sens, à amener des gestes réconfortants pour les endeuillés et à rendre hommage au défunt.

C'est un début de transition pour la famille, pour s'ajuster aux nombreux rôles sociaux et familiaux.

Dans les sociétés occidentales, la mort est souvent perçue comme un événement médical puisqu'elle se passe très souvent en milieu hospitalier et non plus dans la famille comme dans les siècles derniers. La diminution de certains rituels n'aide pas les vivants à faire leur deuil. Ils se sentent bien seuls dans une société de consommation qui bien souvent nie la mort, sujet encore trop tabou.

Pour les cultures traditionnelles qui valorisent les rituels et croient en une vie après la mort, la qualité de vie est meilleure et les gens ont moins peur de mourir.

Les croyances et perceptions de la mort, du deuil et des rituels qui l'accompagnent dépendent de l'ethnie concernée.

Tout cela sera perçu différemment de par la race, la religion, le pays, la langue, le niveau socio-culturel et économique, la particularité de la cellule familiale.

Voici donc différents types de deuils observés selon la culture.

1 – Le deuil dans la religion juive

Le rabbin est souvent présent auprès du mourant pour réciter une dernière prière.

Au décès, un drap est posé sur celui-ci, par respect, et on allume une bougie.

On le veille en récitant des psaumes et il est habillé d'un suaire. Un petit sac de la terre d'Israël est déposé dans le cercueil. Les proches le portent lors de l'enterrement. Il est enterré et pas incinéré car le corps considéré comme « le temple de l'âme » est donc sacré.

La famille restera 7 jours sans sortir pour débuter la période de deuil. Cette dernière présente 5 phases et se poursuivra jusqu'à l'année qui suit le décès.

Le jour anniversaire une prière, le *kaddich*, est récitée.

Des prières à la synagogue seront données régulièrement. Le *yizkor* est récité à la mémoire des disparus 4 fois par an. Il a pour but de renforcer le lien avec l'être cher et de l'aider à s'élever vers sa demeure céleste.

On effectue des visites annuelles au cimetière, où l'on allume une bougie la veille de chaque anniversaire de la mort.

Les endeuillés restent en relation avec leur défunt et avec

leur famille en interaction, pour soulager leur deuil.

Le soutien est prodigué tout au long de la période de deuil par l'écoute et une présence réconfortante.

2 – Le deuil dans la culture musulmane

Après la mort le visage du défunt est tourné vers la Mecque, on ferme la bouche et les yeux. On le recouvre d'un drap. Il est lavé, parfumé et habillé de vêtements blancs. Puis on ne le touche plus pour ne pas le souiller. On prie pour lui. Les croyants ne peuvent être incinérés.

L'imam prie pour lui à la mosquée. On l'enterre rapidement pour libérer l'âme qui doit reposer en paix.

Les musulmans s'appuient sur le Coran, qui « donne » des directives précises pour consoler les endeuillés.

Bien sûr, souvent les amis et voisins organisent le repas de funérailles, pour décharger la famille en deuil des préoccupations matérielles.

Les trois premiers jours de deuil, le *Hidad,* des prières sont récitées, on s'habille de noir et on formule les condoléances. Puis on retourne à la vie normale car l'expression de la douleur ne doit pas se prolonger trop longtemps publiquement, pour respecter la volonté de Dieu. La coutume veut que la famille se réunisse 40 jours après le décès pour réciter le Coran, pleurer le défunt en partageant un repas. Il est considéré que l'âme met 40 jours pour quitter le corps physique.

3 – Le deuil dans la tradition chrétienne

Le décès a souvent lieu à l'hôpital et de moins en moins à la maison. Le mourant n'est donc pas forcément entouré des siens.

Le corps est lavé, habillé par les pompes funèbres et exposé au funérarium ou, plus rarement, à la maison dans une pièce à part.

La famille et les connaissances viennent honorer le corps, le visiter et exprimer leurs condoléances aux proches. On procède à la mise en bière en plaçant le décédé dans le cercueil, juste avant l'enterrement.

Le choix de l'incinération ou de l'inhumation au cimetière reste un choix personnel. Une messe est donnée à la paroisse du défunt ou/et une cérémonie d'adieu au crématorium.

Le prêtre ou des laïcs formés disent la messe ou la bénédiction à l'église. Les proches sont souvent impliqués dans le choix et la lecture des textes ou des chants. On parle de ce que la personne a fait de bien dans sa vie. Le prêtre asperge le cercueil d'eau bénite, fait brûler de l'encens. Chacun défile devant le défunt pour l'honorer une dernière fois, lui dire au revoir et montrer son soutien à la famille.

S'il y a crémation, les cendres sont déposées dans une urne remise à la famille ou placée dans la colombarium. Elles peuvent être répandues également au *jardin des souvenirs,* parfois dans d'autres lieux chers au défunt (mer, jardin…).

Au cimetière, le cercueil est descendu dans la tombe ou mis dans le caveau de famille et chacun jettera une fleur en guise de dernier au revoir avant que les fossoyeurs ne referment le tout. Bien souvent, après les obsèques, on partage une collation en famille.

Le chrétien voit la mort comme un mystère bien qu'il croie en la vie éternelle et en la résurrection, grâce au Christ mort et ressuscité. La mort mène vers Dieu.

Les proches s'habillent de noir pour quelque temps mais cela se fait de moins en moins. Ils entrent dans une période de deuil plus ou moins longue selon les personnes. La mort, généralement, semble injuste surtout s'il s'agit d'une personne jeune. La rupture est douloureuse et chacun fera son deuil à sa manière. Le lien semble rompu.

Les morts sont commémorés à la Toussaint chaque premier novembre. On dépose, sur la tombe, des chrysanthèmes.

4 – Le deuil dans la tradition hindoue

Le défunt est conduit rapidement dans un centre funéraire.

On fait la toilette sous les yeux de la famille. Le corps est baigné et parfumé, placé dans un linceul blanc, un costume ou un sari.

Le prêtre hindou ou brahmane et les proches prient. On brûle du beurre non salé *(dia)* dans un petit récipient et on met de l'eau dans un autre contenant pour l'âme du défunt. On récite des textes du *Ramayana*.

Les Hindous pratiquent la crémation. On place auprès du défunt des boules de farine de riz ainsi que des fleurs, des senteurs. Le corps est alors placé sur un brancard ou dans un cercueil. Arrivé à l'endroit de la crémation, il est couronné de fleurs. Le membre de la famille le plus proche met le feu, souvent le fils, en tournant 5 fois autour de celui-ci.

Il faut environ 6 heures pour que le corps physique soit transformé en cendres. Elles sont ensuite dispersées dans le Gange, si possible, qui est un fleuve sacré.

La famille vit ensuite dans la modération au niveau nourriture, boissons ou habillement.

Une cérémonie de deuil est organisée dans la maison du défunt 13 jours après. Les Hindous montrent leur chagrin et le deuil peut être plus ou moins long.

Pour eux la mort est un cycle, et ils croient en une vie après la mort.

Le crâne du défunt aura été rasé au niveau du *chakra* coronal (au-dessus de la tête) pour que l'âme rejoigne plus facilement d'autres niveaux vibratoires plus élevés et quitte son « enveloppe matérielle ».

Si la personne a effectué de mauvaises actions, il est considéré qu'elle se réincarnera dans un nouveau corps, sur terre par exemple.

Si son « karma » est positif, elle ira vivre au « Paradis » sur une planète céleste comme un Dieu ou Deva.

Le cycle des vies s'appelle *samsâra* (ou roues des vies).

5 – Le deuil chez les Bouddhistes

La famille accompagne l'agonisant en restant calme et à son écoute, pour qu'il parte en paix et soit préparé aux différentes étapes de métamorphose.

Après le décès, le corps est entouré de bougies et on récite des prières. On le positionne en position de « lion couché » comme le Bouddha à sa mort et on le met dans un drap blanc.

La famille et les amis se rassemblent chez le défunt pour aider chacun à sa manière. Ils veillent, prient et lisent des textes sacrés.

Le soutien se fait sur tous les plans : spirituel, affectif et matériel. Cette aide est considérée comme essentielle, pour diminuer le chagrin de deuil et aider la personne disparue.

Dans la plupart des cas, le corps est incinéré et parfois enterré. L'incinération permet de transmuter le karma négatif du défunt. La mort est perçue comme une libération, suivie d'une métamorphose puis d'une mutation. Si le karma est bon, l'âme se réincarnera en humain ou en force divine. S'il est négatif ce sera sous la forme d'un animal, par exemple.

L'enterrement est accompagné de bouquets de fleurs éclatants. Les tombes sont imposantes et colorées.

Chez les Bouddhistes, la vie et la mort sont perçus comme un tout et l'âme transite entre les deux réalités changeantes appelées *bardo*.

Le soutien du défunt par la famille, les croyances réconfortent les endeuillés, les aident à faire le deuil puisque l'être cher est considéré comme toujours vivant même si autrement.

Dans les trois semaines suivant le décès, une pratique spirituelle est accomplie à l'attention du défunt dans le but d'une aide précieuse à une meilleure libération. Cette pratique se poursuivra longtemps, notamment par une cérémonie d'offrandes et un festin au bout d'un an pour marquer la renaissance de la personne.

6 – Rites funéraires de différents pays du monde

Trop nombreux sont les rites de tous les pays du monde et je ne pourrais vous les énumérer tous.

Certains vous paraîtront étranges ou inconvenants et je vais vous en conter quelques uns.

Nous ne sommes pas là pour juger certains peuples qui agissent selon des coutumes et des croyances bien précises. Lisons donc ce chapitre avec l'esprit ouvert et curieux, allons à la rencontre de plusieurs populations étonnantes qui ont des traditions bien différentes des nôtres.

❋ LES GUAYAKIS DU PARAGUAY

Ces tribus ont d'autres rites funéraires. Ils mangent les morts de leur groupe pour maintenir l'unité, ne pas perdre ce que représentait le défunt, notamment sa force et son savoir.

❋ LES INUITS DE L'ARCTIQUE

Le froid de ces régions glaciales permet de conserver le corps jusqu'à la préparation de la sépulture ; on l'entoure de peaux de phoques et d'objets qui lui seront utiles dans l'autre monde, car pour eux l'esprit ne meurt jamais. Le lieu du décès est purifié. Quand ils ne meurent pas de maladie ou de vieillesse et qu'ils considèrent être une charge pour la communauté, ne pouvant plus réaliser leurs tâches (les femmes travaillent les peaux de bêtes, les hommes chassent et pêchent), ils partiront seuls, sur la banquise, pour se laisser mourir.

❈ Au Tibet

La cérémonie est très « spéciale ». On prie pour le défunt au monastère. L'environnement montagneux compliquant un enterrement classique, le corps est exposé aux vautours...

❈ Les Malgaches (Madagascar)

Ils ont deux rites funéraires importants. Tout d'abord, il est considéré que le défunt passe du monde des vivants à celui des morts. On construit donc des tombeaux fastueux qui ressemblent à des petites maisons. À la période hivernale, le *famadihana* ou « retournement des morts » aide les morts à passer chez les ancêtres. Le mort est sorti de sa sépulture et recouvert d'un drap neuf. La fête est grandiose. Les vivants font *danser les morts*. Cela a lieu tous les 5 à 7 ans.

❈ Les Dogons au Mali

Ils occupent des villages isolés dans des falaises, on y accède par des chemins escarpés. Les rites se déroulent en trois temps : on lave le corps du décédé, on l'enroule dans un linceul et on le place dans un creux de la falaise pour laisser vagabonder son âme. Ses objets sont partagés quarante jours plus tard.

Les funérailles ne seront organisées que quelques mois

après pour lui rendre hommage. On commémore les morts de l'année par un événement général, le *Dama*.

7 – Les funérailles du futur

Devant le trop plein des cimetières et l'augmentation toujours plus importante de la population mondiale, de nouvelles pratiques funéraires apparaissent pour le moins « originales » et « écologiques ».

❋ Les obsèques spatiales

Certaines sociétés ont prévu d'envoyer neuf sondes lunaires très prochainement. Les capsules contenant les cendres pourront errer dans l'univers indéfiniment, être en orbite autour de la terre, atterrir sur la lune ou finir en particules dans l'atmosphère.

❋ La promession

Le corps est plongé dans de l'azote liquide pour le refroidir et le rendre friable. Des vibrations vont le réduire en miniparticules. Cette poudre sera placée dans une urne biodégradable.

❋ L'aquamation

Le corps est consumé peu à peu par l'eau et non par le feu comme habituellement. Les os restants seront réduits en cendres. Dans ce processus la vie se termine dans l'eau comme elle a commencé avant notre naissance.

On n'arrête pas le progrès...

Chapitre 3

Le déroulement du deuil

*« Nul ne peut atteindre l'aube
sans passer par le chemin de la nuit. »*
Khalil Gilbran

Ce chapitre donnera un éclaircissement sur les étapes du deuil, dans l'esprit de nos civilisations occidentales.

Vous vous retrouverez certainement dans cette description, toutes les réactions décrites sont normales, même si le chemin de deuil est différent pour chacun et que le processus n'est pas linéaire.

– I –
L'ANNONCE DU DÉCÈS ET
LA PÉRIODE DE DÉSORGANISATION

Tout commence par un choc, un choc terrible et parfois inattendu. Le décès, prévu ou pas, est un énorme raz de marée. Il déstabilise le plus ancré. Il entraîne des souffrances, un questionnement.

Juste après le choc arrive le déni : on ne réalise pas, on se dit « non ce n'est pas possible, je fais un cauchemar, je vais me réveiller, non ce n'est pas vrai ! ».

En 1994, quand mon ami Bernard mourut brutalement à 37 ans, sur mon épaule, dans la voiture*, j'ai dit ces mots.

J'avais beau le voir étendu sans vie devant moi, entendre le médecin venu sur place me dire « il est mort », je croyais que ce n'était qu'un funeste rêve : j'allais me réveiller.

En effet, à cette étape, se met en place une protection psychique qui anesthésie les émotions, sinon on ne le supporterait pas. On peut aussi se mettre à pleurer, éprouver une sensation de vertige.

Puis on veut comprendre le pourquoi et le comment. Il faut le temps pour réaliser et accepter la réalité de la perte. Suite à un décès, il est très important de voir le corps du décédé car comment commencer un chemin de deuil quand il n'est pas

---

* Voir *Le Phare dans la nuit, naissance d'un passeur d'âmes*.

retrouvé ? Dans ce cas, on espère toujours le revoir.

Après les obsèques, période d'intense activité où on est entouré de monde, vient le temps de la confrontation à l'absence, la sensation de vide s'installe, on a l'impression de plonger dans un trou béant, le silence est étouffant.

On entre alors dans une période de désorganisation sur trois plans : matériel, relationnel et émotionnel. Cette période de bouleversement et de déséquilibre est appelée « boucle de l'errance ».

1 – Sur le plan matériel

Les démarches sont nombreuses. Il faut apprendre à gérer seul : l'argent, l'organisation de la vie quotidienne, les décisions, sa santé.

2 – Sur le plan relationnel

L'absence de l'être aimé fait mal, les proches ont repris leur vie de tous les jours et ne savent pas toujours quoi dire. Certains diront qu'il faut passer à autre chose, mais cela est impossible quand on a vécu des années auprès de l'être cher.

La perte devient palpable. On le revoit avec son sourire, sa personnalité. Sa présence nous manque et son évocation fait mal. On respire son eau de toilette, on écoute sa voix sur le répondeur, on enfouit la tête dans ses vêtements, on regarde les photos... Et on va au cimetière en espérant être plus proche.

Cette souffrance nous submerge et on se sent parfois incompris.

Toutes sortes d'émotions font surface, notamment et très fréquemment, la colère.

3 – Sur le plan émotionnel

La gestion des émotions est compliquée. L'émotion est un mouvement vers le dehors, un élan qui naît à l'intérieur de soi. Il sera par la suite important de pouvoir exprimer ces émotions verbalement, car parfois l'endeuillé n'en a même pas conscience, les accueillir sans se juger pour motiver les comportements nécessaires à ses besoins.

❋ La colère

C'est bien souvent l'émotion la plus présente.

On est en colère contre les médecins qui n'ont pas su guérir, contre Dieu qui a permis cela, contre le décédé qui nous a abandonné. Cette colère légitime arrivera pour l'endeuillé à un moment ou à un autre dans le chemin de deuil. Ce qui nous arrive est une injustice et on ne peut rien faire devant cette situation irréversible, c'est terrible. On se révolte : « Pourquoi elle, pourquoi lui ? Pourquoi dois-je vivre cela ? Pourquoi si jeune ? ».

Et c'est la « valse des si » : « Si j'avais fait cela il ne serait pas mort, si je lui avais dit ça, cela se serait passé autrement ! »

La colère dirigée contre soi, ronge. Cette culpabilité apparaît car on pense n'avoir pas fait ce qu'il fallait. À cette étape, il sera important de différencier la culpabilité de la responsabilité, en remettant cette dernière à qui de droit (c'est là le travail du thérapeute).

Et comme cela n'est pas toujours avouable on peut se couper de ses proches, alors qu'on a tant besoin de leur présence. On pense : « Personne ne peut me comprendre ! La vie est injuste ! ».

Il est pourtant très important d'être entouré pour ne pas se replier seul sur son chagrin même si les autres font ce qu'ils peuvent, se sentant souvent impuissants devant ces évènements. Il faut s'autoriser à ressentir cette colère, d'y mettre des mots, en consultant une association ou un thérapeute formé à l'aide au deuil par exemple. Comme on dit : les mots évitent les maux. Exprimer ces sentiments inavouables permet de s'apaiser. Vous avez le droit d'être en colère. Criez si besoin, pleurez, libérez votre cœur en souffrance. Vous n'êtes pas coupable !

Je reviendrai plus loin sur la culpabilité de l'endeuillé par suicide, ce deuil étant en général plus difficile à faire.

On peut se sentir coupable d'être soulagé après une longue et éprouvante maladie de l'être cher. Cela s'arrête « enfin », il était insupportable de le voir souffrir mais : « Non ! Je n'en ai pas le droit, ce n'est pas bien de penser ça ! »

Le but est d'arriver à se pardonner, sans rompre le lien qui nous relie au défunt, pour trouver l'apaisement.

Dans tous les cas, il est important de transformer cette énergie de colère en énergie de changement. Décharger ce trop plein amène des résultats constructifs. La personne en colère a besoin de s'affirmer, d'obtenir une modification de son état émotionnel, et, comme je l'ai dit, elle a besoin d'une écoute attentive pour la recherche et le respect de ses besoins.

Elle pourra décharger cette émotion aussi de plusieurs manières : activité physique, sport, danse, chanter dans une chorale, écrire, dessiner, marcher dans la nature, respirer, téléphoner à une copine... enfin, faire tout ce qui lui procurera un peu de bien-être et de réconfort.

Pour ma part, je propose à mes clients de déposer leurs émotions, leurs non-dits, leur rancœur, leurs peines, en écrivant une lettre à l'être cher ou à ceux à qui ils en veulent (médecins, soignants, proches, Dieu...) et quand tout sera déposé de brûler cette lettre. Se vider de ses émotions apporte souvent un apaisement.

✻ LA TRISTESSE

Quand on réalise que la perte de l'être aimé est irréversible, on entre dans le chagrin et le désespoir, notre vie est désorganisée. Les mois passent et l'autre nous manque. On se sent si seul, d'autant qu'on entend alors ce genre de phrase : « Il faut tourner la page, passer à autre chose... »

Le risque en entretenant cette tristesse est d'aller vers la dépression. On peut avoir envie de le rejoindre, de se lancer dans toutes sortes d'occupations ou de trouver refuge dans différentes substances psycho-actives tels l'alcool ou la drogue. Cela masquera en apparence la douleur mais ne résoudra rien.

Les dates anniversaire, le temps des fêtes dans la seconde année surtout suivant le décès, seront douloureuses car remémoreront les bons moments vécus avec l'être cher.

On a les nerfs à fleur de peau, on est anxieux et parfois

désespéré. L'état dépressif nous fait ressasser et perdre de l'intérêt pour le monde environnant. On n'a plus d'énergie ni de concentration.

Cette étape de transition entraîne un travail psychique intense et là aussi il faudra rechercher du soutien, de la reconnaissance. À cette étape, demandez-vous si vous ressentez de la compassion pour vous-même (vous m'aime), car cela entraîne de l'énergie de consolation. Je vous suggère de prendre votre enfant intérieur dans vos bras, la petite fille ou le petit garçon que vous étiez petit(e) et de le consoler, de le rassurer, car c'est bien lui qui souffre. Je vous explique comment dans le chapitre « bonus » à la fin du livre.

Et, bien souvent, derrière la tristesse se cache de la colère non exprimée.

Garder des liens est important pour ne pas s'enfoncer dans le désespoir et avancer un jour à la fois avec des hauts et des bas, avec des petits pas de bébé comme je dis souvent. Il faut du temps pour aller mieux et, à notre époque où tout doit aller vite, il ne faut pas être pressé.

En tout cas, à un moment, à cette déchirure de la perte succèdera une phase de cicatrisation, mais cela mettra plus ou moins de temps selon les personnes et un tas de critères qui leur appartiennent : quelques mois ou plusieurs années.

✤ La peur et l'anxiété

La nouvelle situation insécurise. Il faut gérer sa vie différemment, seul parfois, et ce n'est pas facile quand on a toujours tout partagé. Il y a perte de certaines facettes de la relation. Par exemple, si le mari était protecteur, la perte entraîne le sentiment d'être abandonné, de la vulnérabilité.

Il faut trouver des protections et mettre en place ce qu'il faut pour faire face à certaines situations.

S'exprimer, être écouté en tout confiance, pour identifier les peurs irréalistes et déconnectées de la réalité, l'écoutant étant là pour rassurer et donner des informations (association d'aide au deuil, aide au conjoint survivant, etc).

Aller vers une énergie de réussite, mettre en place des choses un peu à la fois en étant soutenu. Pouvoir parler à ses enfants par exemple de l'absence du papa ou de la maman, en leur expliquant avec les bons mots. Pour être aidé il existe de très bons groupes de parole, pour les enfants ou les parents endeuillés.

Les peurs anciennes qui ressurgissent à l'occasion de ce deuil devront être traitées par un thérapeute. Un deuil d'ici et maintenant viendra retoucher un ou plusieurs deuils du passé non résolus et les réactivera. L'accumulation de plusieurs deuils ou souffrances fera « exploser » la personne s'ils n'ont pas été gérés, si les émotions n'ont pas été exprimées. Bien souvent elle somatise et toutes sortes de problèmes physiques surgissent : douleurs d'estomac, ulcères, problèmes intestinaux, grande fatigue, maux de tête, perte d'appétit...

❄ La joie et l'espoir

L'évocation de la joie certainement vous surprendra mais elle fait partie du chemin de deuil, même si elle apparaît bien longtemps après ou par petites touches.

Cette joie nous permet de maintenir le contact avec la réalité : se rappeler les bons moments vécus, évoquer l'autre positivement. Il est important de partager ces souvenirs car en parler permet de rester vivant.

La joie c'est aussi faire des activités qu'on n'aurait pas faites avant ce décès ou de créer de nouvelles relations. C'est une énergie de vie et de partage qui permet de réaliser qu'on vit encore de bons moments, même si rien ne sera jamais plus comme avant.

Les rituels peuvent aider à espérer, et adoucir la peine : créations personnelles, prières, messes aux dates anniversaires ou croire que tout ne peut pas s'arrêter là...

******

Selon la personnalité de l'individu, et s'il n'arrive pas à exprimer ses émotions, à dépasser son chagrin, il y aura exacerbation des manifestations rencontrées dans le deuil « normal ». Cette grande tristesse sera inconsolable.

Il lui sera indispensable de consulter un psychiatre ou d'aller en consultation spécialisée, notamment en cas de grande culpabilité, de flashbacks, de cauchemars récurrents ou d'états de sidération suite au choc du décès.

Dans cette grande souffrance, la personne n'arrive plus à

vivre normalement de manière quotidienne. En rester à ce stade est dramatique.

Il peut aussi y avoir une période de flottement plus ou moins longue qui empêchera le processus de deuil.

La personne restera bloquée à la date du décès, ne pouvant ou ne voulant plus avancer.

Le travail de deuil sera retardé : si on n'est pas prêt à le faire, si on fait « comme si de rien n'était », si certains moments de notre vie nous empêchent de rencontrer notre propre souffrance (exemple s'occuper de ses enfants, d'une autre personne) ou si on a plusieurs deuils à gérer en même temps.

Le deuil des enfants ou des adolescents peut s'arrêter et se poursuivre plus tard à l'âge adulte, ce qui n'est bien sûr pas souhaitable.

On peut penser qu'on est fort et ne pas s'autoriser à ressentir ses émotions mais cela ressortira tôt ou tard dans le temps. On reste alors dans l'illusion...

– II –
LA RÉORGANISATION

Comment passer à la réorganisation de votre vie, sur le plan relationnel, matériel et émotionnel ?

Le deuil est un moment de vie intense. Les jours passent par des tourbillons de douleur, de l'agitation et des périodes d'accalmie. Se brassent : émotions, interrogations, questionnements tant au niveau existentiel que spirituel.

La période de réorganisation variera d'une personne à l'autre.

Il est important de reconnaître la douleur de la perte à travers les différentes émotions pour ensuite donner un nouveau sens à sa vie, s'interroger par rapport à ses croyances qui ont été bouleversées, se donner des priorités pour continuer le chemin menant vers la sérénité, la reconstruction de sa vie, même si une cicatrice restera toujours, même si son quotidien ne sera jamais plus comme avant. Les valeurs et les priorités changent.

Il faut tout d'abord prendre soin de soi. Qu'est-ce que cela veut dire ?

Dans la vie de tous les jours, la plupart des personnes n'ont pas conscience de l'importance que cela revêt.

On est là pour les autres, on rend service et bien souvent... on s'oublie. S'occuper de soi, ce n'est pas être égoïste, c'est se respecter. Dans cette situation douloureuse il est primordial et urgent de commencer à se prendre en main.

S'occuper de son corps physique tout d'abord : bains, massages, thalasso, exercice physique, marche, danse, nourriture saine, contact avec la nature, s'occuper de son animal favori.

Les chiens et les chats sont des êtres vibrant d'amour inconditionnel. Ils sont là pour nous et nous déchargent de notre émotionnel trop intense.

Occuper notre esprit, faire une activité qui nous fait plaisir régulièrement. Voir du monde, s'occuper de ses enfants ou de ses petits-enfants. Il n'est pas souhaitable de s'isoler du monde. Faites de multiples actions significatives et positives dans cette période déstabilisante.

Bien sûr, pleurez tout votre saoul, videz votre tristesse, lâchez votre colère mais, à un moment, passez à autre chose.

Les mois passent, les années parfois et il vous faudra avancer sur ce long chemin fait de creux, de hauts et de bas.

Alors, chacun progressera à son rythme. Le temps et l'aide des autres : proches, thérapeutes, apportera l'espoir pour continuer votre périple sur terre.

Une main tendue peut vous sortir des déferlantes comme un phare qui vous éclaire, une lecture*, une idée, un partage, une musique qui élève, alors que vous êtes seul dans votre barque sur une mer déchaînée. Le deuil est un chemin de « vie ».

À un moment, il est souhaitable d'arriver à l'acceptation c'est à dire accepter la « perte » de l'être cher. On se sent mieux alors et on continue la route, car il est dans notre cœur à

---

* Voir mon témoignage dans *Le Phare dans la nuit, naissance d'un passeur d'âmes*.

jamais. Les bons souvenirs le font revivre. L'espoir revient, on peut croire à nouveau en soi et reprendre une vie « normale » quotidienne, familiale et professionnelle.

Comprendre les différentes étapes du deuil, les considérer comme normales permet d'arriver à une reconstruction et de continuer son propre chemin.

On peut s'en sortir ! À chacun de trouver ses propres solutions pour surmonter cette épreuve.

Vivre l'instant présent aussi vous aidera à ne pas toujours ressasser le passé ou projeter des inquiétudes pour l'avenir. Dès qu'une pensée négative arrive, laissez-la passer et revenez à ce que vous faites. Bien sûr, c'est un travail de chaque jour.

1 – Le pardon

Il est important dans cette situation de se pardonner.

Vivre de regrets vous fait retourner en arrière.

Vous avez fait ce qui vous semblait juste à un moment précis, quand votre être cher était malade par exemple. Regretter ce que vous n'avez pas fait, ce que vous auriez dû faire selon vous, c'est vous renier vous-mêmes. Ne restez pas dans la culpabilité. Il est temps de vous ouvrir à de nouvelles choses. Vous rejeter la faute est stagnant et porte atteinte à l'estime de vous-mêmes (vous m'aime). Vous êtes une belle personne, soyez-en sûr(e) !

Partagez votre blessure, reconnaissez votre fragilité, identifiez cette perte pour en faire le deuil, acceptez votre colère, votre désarroi. Accueillez votre souffrance et laissez aller, lâchez... Vous avez fait au mieux.

Pardonner à son défunt n'est pas nier ou cautionner ce pourquoi on lui en veut. Ce n'est pas l'oublier non plus. C'est libérer un poids du passé. Vous pouvez pour ce faire, comme mentionné déjà, lui écrire une lettre où vous demanderez pardon de ne pas l'avoir assez aimé par exemple, de ne pas lui avoir tout dit, et lui confier qu'il vous a blessé... Vous pouvez aussi lui parler via sa photo et allumer une bougie. Cela vous libèrera et vous pourrez poursuivre vers la phase de reconstruction et vivre en paix.

2 – La résilience

Pour les spécialistes des sciences sociales, c'est « la capacité à réussir, à vivre, à se développer positivement, de manière socialement acceptable, en dépit du stress ou d'une adversité qui comportent normalement le risque grave d'une issue négative ».

Il y a alors guérison du traumatisme et poursuite de sa vie dans des conditions normales.

La résilience suite à un deuil permettra de faire face, par la suite, aux nombreuses vicissitudes de la vie. On en ressort grandi.

Bien sûr, cela ne se fait pas en une fraction de seconde, il faut du temps. Là encore, l'aide d'un thérapeute, d'un psychiatre pourra être essentielle et fera émerger vos compétences à « guérir », permettra de communiquer.

Les ressources de l'être humain sont immenses, et il faut

savoir aller au fond de soi, se centrer dans son cœur pour retrouver l'espoir. Tout le monde peut le faire, même si beaucoup ne le croient pas.

Comme le dit Wayne Dyer : « Avec tout ce qui vous est arrivé dans votre vie, vous pouvez pleurer sur votre sort ou percevoir ce qui vous est arrivé comme une occasion favorable. Tout ce qui advient peut être perçu, soit comme une possibilité de croissance, soit comme un obstacle à votre développement. En définitive, c'est vous qui choisissez et personne d'autre. »

La résilience c'est revenir vers la vie et l'amour de soi avant tout.

3 – Le détachement

Alors, vous pourrez oser de nouveaux projets. Il n'est pas souhaitable, en effet, de faire de grands changements dans votre vie avant d'arriver à cette phase (déménagement, nouveau conjoint, nouveau travail…) car cela risquerait d'aboutir à un échec.

> *En 1995, j'ai eu une relation amoureuse avec un homme qui était veuf depuis un an seulement. Notre liaison a duré deux ans et demi et c'est lui qui a mis un terme à celle-ci. C'était trop vite et les sentiments n'ont pas pu s'installer de son côté, la mémoire de son épouse étant encore trop présente, il n'avait donc pas fait son deuil… Avec le recul, j'ai compris que cette expérience m'a été donnée pour comprendre en partie les composantes du processus de deuil, puisqu'il était prévu que j'aide les endeuillés par la suite.*

Il faut être détaché pour pouvoir s'attacher à nouveau et entrevoir un avenir durable dans une nouvelle relation amoureuse.

Alors on intègre l'absence de notre être cher, ce qui ne veut pas dire qu'on l'oublie, évidemment. On pense à lui autrement, en gardant le lien du cœur, les bons souvenirs.

La cicatrisation se fait, la guérison, même si bien souvent elle ne sera jamais totale.

On arrête de survivre pour vivre pleinement cette vie qui vaut la peine, on peut alors ressentir toute la quintessence de ce qu'est « être vivant ».

À cette étape, il est utile de se demander en quoi cette épreuve nous a fait grandir, qu'est-ce qu'on a appris ? Dépassé ? Transmuté ?

Faire une sorte de point permet de savoir où on en est sur le chemin, car notre vie continue, même sans lui, même sans elle.

Nous avons encore des années devant nous, de belles choses à réaliser, de nouveaux projets à mettre en place. Notre famille est là aussi, nos enfants. Tous ont besoin de nous, comme nous avons besoin d'eux.

Certains s'ouvriront alors, comme ce fut mon cas, à un chemin spirituel, à de nouvelles connaissances et croyances. Je développerais ce sujet au chapitre 5.

Par la lecture de ce livre, outre les explications classiques, je voudrais vous transmettre du courage pour continuer la route même si la vie vous a blessé, même si vous trouvez la perte de l'être cher injuste.

Il est possible de s'en sortir, ma vie fut émaillée de plusieurs deuils douloureux, surtout celle de la perte de mon ami Bernard et je suis là à vous écrire ce livre, à tenter de vous aider, suite au chemin de 25 ans qui a continué depuis ce jour de février 1994 où tout a basculé...

Ce départ a enrichi ma vie et permis qu'à ce jour je vous transmette mes expériences et mon soutien.

CHAPITRE 4

Les deuils particuliers

*« On ne trouve nulle part ailleurs
une aussi puissante atteinte
à l'estime du soi. »*
Christophe Fauré

1 – Les endeuillés suite à suicide

En France, on compte environ 200 000 tentatives de suicides par an. Bien que le nombre ait tendance à baisser depuis les années 2000, on dénombre environ 27 décès par jour en France. Ce chiffre concerne 20 hommes pour 7 femmes. Le taux diffère selon l'âge et la région.

Le mode le plus courant reste la pendaison (54 %), loin devant les armes à feu (15%), les prises de médicaments ou les sauts dans le vide (7%), les hommes préférant les deux premières méthodes.

Les idées suicidaires augmentent notamment chez les adolescents, les personnes en situation précaire et les agriculteurs.

20 % arrivent sans signe précurseur, pour les 80 % restants, il était évident que la personne n'allait pas bien.

La dépression est le premier facteur de risque, puis viennent les violences subies, le fait de vivre seul, le chômage, le faible niveau de revenus, l'alcoolisme des femmes.

Les jeunes à risques : ils trouvent le monde absurde, leur idéal semble inaccessible, ils ont peu d'estime d'eux-mêmes et ne communiquent plus avec leur entourage, n'arrivent pas à surmonter leurs souffrances.

❋ Concernant les adultes

Ce décès n'est pas une mort comme les autres et entraîne un traumatisme pour les proches et pour celui qui découvre le suicidé. Le parcours de l'endeuillé peut être extrêmement douloureux et dévastateur.

Il ne comprend pas toujours pourquoi il y a enquête judiciaire, a besoin de se représenter dans quel état le futur défunt était et s'il a souffert. Il est dans le refus et le déni bien plus longtemps que dans un décès « normal ». Les raisons du suicide ne sont jamais suffisantes.

La qualité et l'intensité de la relation feront varier de manière importante le processus de deuil et chacun réagira à sa manière. Le besoin de comprendre est énorme, surtout quand on n'a « rien vu venir ». Il faut alors survivre. Il y a tendance à s'isoler et à penser au proche de manière envahissante.

L'avenir n'a plus de sens, une partie de soi est morte avec lui, on manque de sécurité et de confiance par rapport à autrui. Il y a beaucoup de colère contre soi (culpabilité) et/ou contre le décédé. Pour le comprendre, certains vont jusqu'à reprendre ses comportements néfastes (l'alcoolisme par exemple).

L'endeuillé par suicide se sent à la fois victime et meurtrier. C'est très compliqué.

Ces symptômes durent au moins six mois et il est impossible d'honorer les activités sociales ou professionnelles.

Le mal-être peut tourner en dépression chronique. La tristesse et le stress entraînent bien souvent une baisse du système immunitaire.

A chacun son histoire et sa manière de réagir, en tout cas.

❈ Honte et culpabilité

L'endeuillé se sent coupable de n'avoir rien vu venir, de n'avoir pas pu éviter le geste fatal, de n'avoir pas été là... d'autant si l'annonce du décès se fait brutalement ou maladroitement, si la famille est suspicieuse et comme je l'ai dit, l'enquête légale, l'autopsie aggravent la douleur.

Ce deuil « pas comme les autres » est violent.

La honte est très fortement ressentie et atteint l'estime de soi. Il y a embarras par rapport à la famille. La gêne des autres personnes, qui ne savent pas quoi dire, mure l'endeuillé dans sa solitude.

Honte et culpabilité entraînent bien souvent une profonde dépression. Après plusieurs tentatives de suicide, la personne ne pourra plus penser : « il s'en est toujours sorti » (protection psychique) et n'arrivera pas à croire à une mort véritable.

L'endeuillé sera aussi plus vulnérable s'il a connu des traumatismes dans l'enfance mais ce n'est pas une généralité. Malgré les capacités de résilience, il peut arriver à un point de rupture.

Participer à un groupe de paroles, après les 6 premiers mois, sera un atout considérable pour s'en sortir.

En tout cas, cette culpabilité, cette pensée de n'avoir pas su aider la personne en détresse sera forte chez les parents qui perdent un enfant, car ils ont un rôle de protection avant tout. Tout est remis en cause dans la relation qu'on avait avec lui et dans l'éducation donnée. Il faut alors se punir, se sentir indigne d'être heureux.

40 % des suicidés laissent une lettre, mais cela ne résout rien. Les raisons écrites seront vagues, incompréhensibles ou accusatrices, ce qui augmente le sentiment de culpabilité de celui qui reste.

La colère est présente mais est souvent gardée à l'intérieur, ce qui entraînera rancœurs, accès d'humeurs, impatience, insomnies, problèmes de santé...

On est en colère contre les autres (médecins, famille, Dieu, environnement professionnel, la société...), contre soi-même ou contre le défunt qui nous a abandonné et nous fait vivre l'insupportable. Dans ce dernier cas, la sensation d'abandon est très violente et le vécu antérieur n'a servi à rien.

La tentation suicidaire est fréquente pour que la douleur s'arrête, pour le retrouver (j'évoquerai ce sujet dans le chapitre 5), pour comprendre.

❊ Concernant les enfants

Les petits enfants ne comprennent pas l'irréversibilité de la mort. L'adulte restant veut protéger l'enfant et bien souvent ne donne pas la cause réelle du décès. Pourtant il a besoin d'informations claires.

En cas de décès du papa ou de la maman, c'est le parent restant qui a le devoir de lui dire, pouvant être aidé par exemple d'un aidant au travail de deuil, ce qui sera sécurisant (thérapeute ou association d'aide au deuil).

Sans cela, il va imaginer de terribles choses et saura bien que la raison invoquée n'est pas bonne, ce qui l'empêchera d'intégrer la perte. Il y a risque aussi qu'il l'apprenne n'importe comment et par n'importe qui (petit copain, ami...).

Il ira à son rythme pour absorber l'annonce quand elle sera faite et retournera parfois jouer avant de poser d'autres questions, ce qui est normal. Il faut bien sûr y aller en douceur avec des mots adaptés à son âge et recadrer les idées fausses et fantaisistes de l'enfant.

Enfin, il est assailli par un tas de sentiments complexes : confusion, anxiété, insécurité, culpabilité, colère, tristesse, impuissance... et ne comprend pas que celui ou celle qui lui disait « je t'aime » puisse l'abandonner. Il pense qu'il ne vaut rien.

L'enfant peut aussi avoir des pensées suicidaires et être inhibé. Il pourra être irrité, le trop plein de colère étant contenu. Il faut donc qu'il puisse se dire.

L'autre parent devra être sécurisant. L'enfant doit comprendre qu'il ne l'abandonne pas (par suicide notamment). C'est important pour minimiser l'impact sur les relations futures (peur de l'abandon, de ne pas valoir la peine d'être aimé). Il réagira souvent par de l'agressivité et aura beaucoup de peurs : cauchemars, peur d'être seul, du noir...

Bien sûr cela n'est pas facile pour le parent restant qui doit aussi se reconstruire.

L'enfant va idéaliser la personne disparue et va poser des questions pour comprendre et donner un sens à l'évènement.

✿ Concernant les adolescents

Les perturbations comportementales sont encore plus fréquentes chez l'adolescent en deuil. Les difficultés particulières liées à ce deuil s'ajoutent à la crise d'adolescence.

Souvent, l'adolescent fera mine de ne pas réagir, pour ne pas adopter un comportement infantile au moment où il prend de la distance vis à vis de ses parents. Cela va le fragiliser, il doit rechercher de nouveaux repères.

Le chagrin s'exprimera par d'autres biais : difficultés scolaires, conduites d'échec, prises de risques inconsidérées, pensées suicidaires.

Il faudra avoir les bons mots pour que la parole et donc les émotions du deuil se libèrent. Si elles restent à l'intérieur, cela comporte des risques immédiats ou pour sa future vie d'adulte.

****

Dans le cas d'un adulte ou d'un enfant endeuillé, le groupe de parole peut être d'une grande aide pour récupérer psychologiquement et exprimer honte, culpabilité, chagrin. Les autres membres du groupe « peuvent comprendre ». C'est réparateur pour l'estime de soi et briser ce sentiment « d'avoir été inutile ».

Cela permet de vivre à nouveau, même s'il restera toujours des questions sans réponse.

2 – Le deuil périnatal

En 1984, j'ai vécu la perte de mon bébé à trois mois et demi de grossesse. Ce fut un déchirement, d'autant qu'à ce stade le fœtus n'était pas reconnu comme un enfant et, pourtant, je l'ai senti bouger dans mon ventre jusqu'au dernier moment. Ensuite, il a bien fallu se résoudre à accepter le « curetage », bien vilain mot.

A cette époque, il fallait dépasser le seuil des vingt huit semaines pour que l'enfant soit reconnu en tant que tel et non considéré comme un « déchet médical ».

J'ai reçu par la poste le courrier du laboratoire qui avait « analysé » le fœtus. J'appris qu'il n'y avait rien d'anormal (je l'avais pourtant espéré en me disant que ce serait mieux ainsi), avec tous les détails physiques et biologiques. Oui, j'ai reçu ce courrier comme ça, sans accompagnement ! Quelle violence ! Imaginez ma souffrance et mon désarroi, en sanglots seule devant cette lettre — mon mari était au travail — qui ne parlait pas de mon enfant mais d'un « produit de laboratoire ».

Heureusement les choses ont évolué depuis.

Avant 2001, les enfants nés à partir de 28 semaines d'aménorrhée sont considérés comme tels, entraînant un acte de décès, l'inscription sur le livre de famille pour les couples mariés.

Après cette date, le seuil sera abaissé à 22 semaines.

Dès 2008 on prend en compte les enfants nés sans vie dès la quatorzième semaine de grossesse.

Il est donc possible de procéder à une inhumation, le plus souvent une crémation par l'établissement hospitalier.

L'inscription sur le livret de famille peut alors se faire, que les parents soient mariés ou pas.

Pour ces derniers, une prise en compte de l'enfant est primordiale, marquant la reconnaissance qui leur est due.

La perte d'un tout-petit est un vrai deuil, car la société en général ne la reconnaît pas comme telle. Et pourtant, quand on perd cet enfant, cela semble intolérable et inacceptable, puisque dans l'ordre générationnel, l'enfant meurt « normalement » après ses parents.

Cette mort imprévisible insécurise. Le désir d'enfant est malmené. Un ouragan ébranle nos projets, nos repères. On ne peut plus se projeter dans l'avenir de la même façon, tout est chamboulé.

Le travail de deuil commence alors et n'est pas évident suite à la perte de cet être cher qu'on a à peine connu.

Lors de la conception d'un enfant, nos attentes sont profondes. Transmettre la vie est naturel.

Les enfants sont notre prolongement et permettent d'accepter le temps qui passe, donnant un sens profond à notre vie.

L'enfant attendu est idéalisé. Sa mort nous dévaste, nous perdons une partie de nous-mêmes (nous m'aime).

Bien sûr, comme pour tout deuil, on est d'abord sous le

choc, le monde s'écroule et on pense faire un cauchemar.

On peut entrer dans un état de sidération, on faisait tellement corps avec ce bébé qu'il nous semble impossible qu'il nous soit enlevé.

Les émotions nous submergent : sentiment d'injustice, de culpabilité, de colère.

« Qu'ai-je fait qu'il ne fallait pas ? Pourquoi ce bébé nous abandonne-t-il ? Pourquoi est-il handicapé ? Pourquoi ai-je dû faire le choix d'avorter ? ... J'aurais dû ... ». Car il faut comprendre le pourquoi de cet événement dramatique.

Le père et la mère s'interrogent. Le sentiment de culpabilité est ressenti par les familles ayant eu à prendre une décision d'avortement ou d'arrêt de la réanimation.

Il est essentiel d'exprimer ces émotions, en pleurant, même pour le papa car, bien souvent, on est encore dans les vieilles croyances qu'un homme « ça ne pleure pas ».

Les troubles du deuil sont présents : déprime, manque d'appétit, grande fatigue.

Au sein du couple il est souvent difficile de partager les sentiments contradictoires de peur de blesser l'autre encore plus. C'est pourtant nécessaire d'exprimer tout ce ressenti, de ne pas le nier, sous peine de perdre pied.

En concomitance avec le travail de deuil, un traitement médicamenteux pourra être prescrit en soutien.

Il faut affronter la gêne des autres qui ne savent pas quoi dire et le bébé nous semble vite oublié par l'entourage, qui pense souvent qu'une nouvelle grossesse effacera cet enfant qui n'a pas «vécu». Et pourtant, quel sentiment d'échec pour les parents !

Malgré tout, l'isolement n'est pas conseillé, il est important de se changer les idées et de pouvoir évoquer librement cet enfant, si on en a envie, en l'expliquant à ses proches, en rencontrant les personnes qui vous font du bien.

Faites le tri, pour ne pas fragiliser plus le travail de deuil par des personnes qui vous donneront de « bons conseils ».

Et bien sûr, je réitère comme pour tout deuil l'importance de prendre soin de soi par les moyens évoqués précédemment. Fixez vous de petits objectifs et faites vous aider matériellement.

Une grande culpabilité doit vous faire consulter une association d'aide au deuil, un thérapeute sensibilisé au deuil périnatal pour « déposer ».

Et comme je l'ai déjà évoqué, n'envisagez pas de grand changement dans votre vie (travail, déménagement, divorce...), que vous pourriez regretter par la suite car c'est une période de chaos.

✹ Le deuil des frères et soeurs

Passé l'état de sidération, il est important d'expliquer cette perte future ou déjà effective du petit frère ou de la petite soeur attendu(e).

Mais souvent, les parents restent dans le silence dans le but de protéger les autres enfants. Ils seront écartés alors du rituel de deuil, de l'évocation des souvenirs, les empêchant d'exprimer les sentiments et les questions qui surgissent en eux.

L'enfant ressent la vulnérabilité et la tristesse de ses parents et ça l'effraye. Pour ne pas les inquiéter plus, il garde parfois le silence. Or, le travail de deuil est primordial pour lui aussi et tout ce qui n'a pas pu être dit ressortira à l'âge adulte, à l'occasion d'autres pertes.

Sans comprendre les raisons de ce non-dit, l'enfant présentera alors des troubles du comportement, de l'agressivité, des troubles du sommeil, de la régression pour retrouver la sécurité, de la somatisation, des difficultés à l'école... Il perdra confiance en ses parents.

Aux questions de l'enfant, il faut répondre la vérité et dire par exemple : « nous ne savons pas tout et ne pouvons pas tout expliquer, les médecins ne peuvent pas tout guérir. Personne n'est responsable de ce qui arrive au bébé ».

Entendre tout cela lui permet de mobiliser des ressources pour faire face et se sentir actif. La communication lui permet de faire le deuil. Il doit faire l'apprentissage du manque.

Avant 7 ans, l'enfant n'a pas intégré l'irréversibilité de la mort et attend parfois le retour du bébé. Puis survient la découverte de son inexorabilité, ce qui peut l'angoisser.

Enfin, vers 10 ans, il se rend compte que la mort n'épargne personne, même pas lui et qu'il n'y a pas que « les vieux qui meurent ».

En fonction de son âge, l'enfant aura donc des propos et des réactions différentes.

Pour résumer, l'enfant comme l'adulte doit reconnaître la réalité de la perte grâce aux rituels, aux paroles bienveillantes, à l'écoute.

→ L'évocation de souvenirs est précieuse même si elle n'est pas évidente vu le peu de temps de vie du bébé décédé. Cela est nécessaire pour les parents comme pour les frères et sœurs. Elle permet d'exprimer les émotions : cela soulage et permet d'avancer.

→ L'enfant, bien souvent se sent coupable, même si cela reste inconscient et ce sera exprimé par les troubles nommés précédemment. On peut lui dire qu'il est normal de se sentir coupables, parents comme enfants, pour qu'il reconnaisse ce sentiment pesant pour lui, même sans savoir pourquoi.

L'enfant peut penser que la mort est contagieuse et donc craindre qu'un autre membre de la famille ne décède, d'où l'importance de lui dire que la maladie du bébé lui était spécifique.

Important aussi de l'informer qu'on continuera toujours à aimer le bébé parti et qu'on ne l'oubliera jamais.

****

En conclusion, la mort d'un tout-petit apporte une réelle souffrance qu'il ne faut pas minimiser.

Le choc est terrible, pour les parents, cela touche leur propre identité et ils se projetteront avec cet enfant tout au long de leur vie (« il aurait tel âge, il marcherait... »).

Les enfants, quant à eux, seront confrontés à la réalité de la mort et à l'intégration de cette perte, réalisant que leurs parents tout puissants ne peuvent pas tout éviter. Ils avanceront à leur rythme d'enfant, par étapes.

Le deuil des parents sera primordial pour que l'enfant se permette de le faire, l'idéalisation du bébé lui faisant penser que lui-même n'est pas important aux yeux de ceux-ci…

L'attention, l'écoute et la compassion des proches ou des intervenants au deuil seront primordiaux pour que les parents aillent à la rencontre des ressources insoupçonnées qui sont disponibles au cœur de chacun.

Le chemin pourra alors continuer.

3 – La perte d'un enfant plus grand

Ce chapitre pourrait rejoindre le précédent mais, le deuil périnatal étant bien spécifique, j'ai voulu l'évoquer à part.

Pour les parents, il n'y a pas de plus grande épreuve, que de perdre un enfant.

Là encore, ce deuil n'est pas de l'ordre du naturel des choses, la descendance perpétuant la lignée. Notre avenir est donc anéanti, nos projets, et plus rien ne sera jamais plus comme avant.

Alors, quelles que soient les circonstances de la mort, on n'a pas pu le protéger et on s'en veut.

On cherche une explication acceptable pour se rassurer et comprendre.

Là aussi, outre la colère contre soi, on en veut à Dieu, aux médecins, aux autres.

Des difficultés relationnelles apparaissent souvent dans le couple. Les non-dits s'accumulent.

L'homme et la femme n'évoluent pas de la même manière sur le chemin de deuil ou pas en même temps, ce qui peut menacer l'équilibre de leur vie à deux.

Il faut essayer d'écouter l'autre dans son ressenti intime et personnel.

Les conseils de prendre soin de soi évoqués précédemment seront également de mise.

Ces parents ont le sentiment qu'ils ne s'en remettront jamais. Comment continuer à vivre avec cette chape de plomb qui vous assaille sans cesse ?

L'accompagnement est, je le répète, primordial dans ce travail de deuil, d'autant que très vite les gens autour d'eux finiront par ne plus en parler.

Le sujet de la mort est hélas encore tabou dans nos sociétés occidentales, mais encore plus celle d'un enfant.

Il est insupportable d'entendre « qu'il faut passer à autre chose », alors qu'il faudra des années pour « apprivoiser » l'absence.

Et puis, oublier, ce serait le renier, faire comme s'il n'avait jamais existé, cela est impensable.

Alors, exprimez votre souffrance : écrivez, dessinez, criez, priez. Vous pouvez évacuer vos émotions en écrivant une lettre à Dieu, aux médecins, à votre enfant et... la brûler pour transmuter.

Parlez avec les proches qui savent écouter, dans un groupe

de parole où vous trouverez de la compréhension d'autres personnes vivant la même souffrance. Consultez un thérapeute formé à l'aide au deuil.

Le lien veut être maintenu, en conservant son doudou, ses affaires, en allant sur sa tombe.

Et, peu à peu, au fil du temps, il sera possible de l'évoquer plus sereinement, si on a décidé d'avancer.

Certains deviendront eux-mêmes bénévoles pour aider les parents endeuillés ou créeront une association en lien avec la maladie de leur enfant, pour les accueillir et les guider sur ce chemin de deuil. Citons l'exemple de l'association Grégory Lemarchal, qui se bat pour sauver des malades atteints de mucoviscidose.

Quand le parent aura accepté de revenir à la vie, sans avoir l'impression de trahir son enfant, il pourra se réinvestir, faire de nouveaux projets, revoir des connaissances, retrouver son travail...

L'oubli, jamais évidemment, mais apprendre à vivre autrement, composer avec et trouver en soi les forces nécessaires pour avancer.

Rabbi Nahman de Breslev a dit : « N'oubliez jamais ceci : il ne vous est jamais donné d'épreuves que vous ne puissiez surmonter . »

4 – Les morts brutales, le corps non retrouvé

✻ **Deuil après une mort brutale ou subite**

La mort brutale en France représente 10 % des décès.

Dans ce cas, bien sûr, on ne peut se préparer avant puisqu'on ignore que le décès va survenir.

On n'a vraiment rien pu faire pour lui.

On nommera diverses causes de morts brutales : suicide, accident domestique ou de la circulation, infarctus, AVC, assassinat, noyade, causes inexpliquées…

J'ai vécu ce deuil à la mort de mon ami Bernard. Un homme de 37 ans, ça ne meurt pas n'est-ce pas ? C'est ce que je me disais, ce fut un cauchemar d'une intensité et d'une violence incroyable. Ce fut terrible et j'étais dévastée.

Les émotions seront exacerbées : très forte colère, peur, confusion, culpabilité ainsi que les réactions qui en découlent : perte d'appétit, désespoir, insomnie…

Les émotions détruisent…

Une de mes patientes a perdu son fils, suite à un accident de voiture provoqué par un chauffard ivre. Quand je l'ai rencontrée, elle était remplie de colère et de rancœur et ne pouvait pardonner… même des années après. Je ne puis la juger n'étant pas à sa place, mais elle alimentait sans cesse sa hargne et ses idées de vengeance, elle était donc bien loin de commencer un processus de deuil. Elle se rongeait de l'intérieur.

Le pardon n'est pas cautionner le délit de la personne, mais il permet de trouver assez de paix en soi pour continuer sa route.

Suite à ce genre de deuil, il y a des démarches et réalités pénibles : autopsie, corps non retrouvé, enquête…

Apparaît aussi la peur que l'être cher ait souffert, cette question restant sans réponse pour l'endeuillé.

La découverte du corps provoque également un stress supplémentaire et les images défilent sans cesse dans la tête.

Et, on n'a pas eu le temps de lui dire adieu, de résoudre certains conflits. Les faits non réglés rendent plus difficiles le chemin de deuil, c'est très lourd à porter.

Même si c'est insoutenable, il est nécessaire de voir le corps du décédé pour réaliser la perte et ne pas rester dans le déni.

Si cela n'est pas possible, la famille lira le compte-rendu d'autopsie, quand elle a lieu. La vérité a besoin d'être connue pour ne pas sans cesse refaire dans sa tête d'innombrables scénarios, qui ne feront qu'aggraver l'état psychique de l'endeuillé.

Certains vivront dans l'amertume après ce décès violent et ne trouveront plus de sens à leur vie. Là aussi, l'aide d'un professionnel est nécessaire.

❋ Le corps non retrouvé

Dans ce cas de figure, on espère toujours retrouver le disparu. L'acte de décès ne peut être rédigé. Les proches se retrouvent face à de nombreux problèmes juridiques et pratiques.

→ On a le cas du disparu dont le décès est certain : accident d'avion en mer par exemple mais le corps n'est pas retrouvé. Dans ce cas, un jugement du tribunal tient lieu d'acte de décès.

→ Le cas de « l'absent » : la personne a disparu du domicile mais on n'est pas sûr qu'elle soit décédée. Une déclaration judiciaire de décès pourra être faite entre 10 et 20 ans après, selon les cas.

Comment aider au travail de deuil en cas de corps non retrouvé ?

Dans le cas d'un accident d'avion par exemple : une chapelle ardente sera dressée, avec des accompagnants, une aide psychologique et une volonté d'informer les familles de l'avancée de l'enquête, des moyens utilisés pour récupérer les corps.

Elles ont besoin de comprendre ce qui s'est passé.

C'est compliqué car le travail de réparation ne peut se faire sans avoir vu le corps pour vérifier son identité.

Les éléments de compensation seront par exemple de déposer dans un cercueil les objets du défunt, des écrits et d'apposer une plaque à son nom.

Cela permettre un peu de combler le vide de l'absence.

Cet acte symbolique aidera au deuil.

Une cérémonie à la mémoire du disparu pourra être organisée pour rendre un dernier hommage.

Le partage devant un mémorial par un groupe d'endeuillés par le même événement (accident d'avion par exemple), l'échange entre ces personnes peut apaiser car elles se comprennent.

Enfin, ce deuil très particulier sera vécu intensément par chacun, dans sa souffrance personnelle et le chemin de deuil ne commencera peut-être jamais.

❋ Autres deuils pouvant entraîner des complications

Fugues, disparitions suspectes, deuil suite à décès par crime, de suite de faute médicale.

La personne peut se « cristalliser », projeter beaucoup de colère et d'ambivalence, trop de questions restant sans réponse.

❋ Les deuils non avouables et non autorisés

Certains deuils seront tus pour le reste d'une vie.

→ Imaginez une femme qui perd son amant par décès. Evidemment, comme leur relation était cachée et interdite, elle ne pourra en parler à ses proches ou à ses amis. C'est terrible à vivre de solitude et la personne risque de rester avec ce poids énorme : la douleur légitime est celle de l'épouse et pas la sienne.

Ce type de deuil en quelque sorte interdit et condamné par la société en général isole la personne et l'empêche de manifester sa douleur.

→ La mort d'un proche ayant causé du tort à la société (criminel, très mauvais comportement anti-social...), c'est aussi un deuil à faire. Mais la plupart n'acceptent pas ce fait...

→ La mort d'un être aimé sans réciprocité. Cet amour impossible fera énormément souffrir la personne qui se retrouve seule.

→ Certaines morts difficiles, violentes, non acceptables telles que : mort d'un chauffard, décès suite à overdose ou suite à une maladie dite « honteuse ».

Tous les deuils non reconnus peuvent se transformer en deuil pathologique, où toutes les manifestations habituelles du deuil seront alors exacerbées.

J'insiste donc dans ces différents exemples, et j'en ai sans doute oublié, sur la nécessité de consulter un thérapeute qualifié dans l'aide au deuil pour ne pas risquer de s'embourber dans une souffrance insupportable.

5 – Le deuil d'un animal

La perte d'un animal est équivalente à la perte d'un être cher. Elle créera autant de souffrance et de désespoir, tant l'attachement à ce compagnon est intense.

En effet, notre animal occupe une place prépondérante dans notre vie. Sa joie et son amour inconditionnel nous comblent.

Il ne nous juge pas, nous aime tel que nous sommes et nous console quand le trop plein d'émotions nous submerge. Il essaye de prendre une partie de nos douleurs et cela peut avoir de vraies vertus thérapeutiques.

Je me souviens de ma belle-soeur qui avait été opérée d'un cancer. A son retour au domicile, son chat passait des journées entières sur elle.

Beaucoup de gens préfèrent se tourner vers un animal, plutôt que vers un être humain car il ne décevra jamais.

La perte de l'animal chéri entraîne un vrai travail de deuil qui est souvent incompris et sous estimé par l'entourage. « Ce n'est qu'un animal » entendra alors la personne, ce qui ne fera qu'aggraver ce vide douloureux.

Pourtant, comment ne pas être attaché à cet être merveilleux quand on a grandi avec lui ou qu'il a accompagné notre vieillesse défaillante ? La personne qui vit seule est renvoyée à sa propre solitude, c'est dur !

C'est un membre de la famille à part entière, qui dans certains cas viendra remplacer l'enfant.

Comme tout décès, le vide immense ressenti vient mettre la personne devant sa propre mort, ce qui n'est pas facile à vivre, d'autant plus que cette relation aura été longue et intense.

Le deuil sera, là aussi, plus difficile à faire en cas de mort brutale et traumatisante, avec un sentiment d'impuissance devant la perte de cet être cher.

En plus de la tristesse, il faudra parfois recourir à l'euthanasie et certains maîtres culpabiliseront. Cela permet pourtant une mort plus douce et sans souffrances pour l'animal, pour contribuer à son bien-être. Le vétérinaire permettra que l'on reste un peu avec le corps de l'animal pour lui dire au revoir. Cela est important pour réaliser la perte.

Dans tous les cas, personne ne peut juger et comparer la souffrance de l'endeuillé qui sera différente selon le vécu de chacun et son expérience et lien personnel d'avec le cheval, le chien, le chat ou autre petite bête de compagnie.

L'incompréhension de ceux qui trouvent « ce sujet sans importance » n'aide pas à valider la tristesse.

Il est alors essentiel de parler de ses émotions, comme pour tout deuil, pour ne pas aggraver et intensifier le processus. Comme je le dis souvent, les mots exprimés évitent les maux ultérieurs. Les émotions enfouies, par peur de sembler ridicule, ressurgiront toujours lors d'un moment de vie difficile futur.

Les même étapes du deuil : déni, colère, culpabilité, tristesse... pourront se présenter jusqu'à arriver à l'acceptation.

Cicatriser n'est pas oublier.

Il est essentiel de laisser aller la douleur, bien sûr chacun réagira, là encore, à sa manière.

N'hésitez pas à consulter un professionnel bienveillant si vous vous trouvez seul devant ce vide douloureux : vétérinaire, psychologue, professionnel accompagnant le deuil, groupe de parole.

Je vous conseille de dépasser ce deuil et d'être arrivé à l'acceptation pour reprendre un autre animal.

Il n'est pas souhaitable que le nouveau venu « remplace » le précédent. Chaque être humain est différent, chaque animal aussi (caractère, habitudes...). Comme pour tout deuil, un changement rapide n'est pas souhaitable.

Comblez le vide avec de nouvelles activités, marchez dans la nature pour vous reconnecter à votre moi profond, allez vers des personnes réconfortantes, prenez soin de vous, écoutez vos besoins pour respecter votre bien-être.

Il faut le temps pour faire un deuil, pas de précipitation.

Quand vous le pourrez, rangez les affaires de votre animal.

Enfin, quand vous serez prêt, si vous le désirez, allez quérir un nouveau compagnon, pas pour remplacer le précédent mais dans le but de faire entrer un nouveau membre dans la famille.

****

Et, par rapport aux enfants, comment faire ?

Expliquez leur avec des mots simples, dans la douceur, la mort de leur animal favori. Ne leur cachez rien, n'inventez pas. Cela les aidera à faire face aux pertes ultérieures de leur vie.

Dans le cas d'une mort dissimulée ou mentie, vous ne leur rendrez pas service.

Dites leur que cela fait partie du cycle normal de la vie, que personne n'est responsable.

Si cela est faisable, faites les participer à un rituel : faire pousser une fleur en hommage, l'enterrer avec amour s'il s'agit d'un petit animal.... Ils en garderont un bon souvenir.

La vie est parsemée de pertes, toutes différentes les unes des autres, la mort d'un animal de compagnie en fait partie.

Chapitre 5

L'euthanasie

*« Le plus lourd fardeau,
c'est d'exister sans vivre. »*
Victor Hugo *(Les Châtiments)*

Le mot « euthanasie » provient du grec ancien *eu* (bon) et *thanatos* (la mort), qui décrit le fait d'avoir une mort douce.

C'est un acte qui provoque le décès d'une personne atteinte d'une maladie incurable, de souffrances intolérables sur le plan physique ou psychique, en phase avancée ou terminale.

Cet acte sera pratiqué le plus souvent par un médecin.

Il en existe deux formes :
– l'euthanasie active : sous contrôle médical et, délibérément, on administrera des substances létales qui provoqueront la mort en douceur ;
– l'euthanasie passive : on arrêtera le traitement ou les soins qui permettent de maintenir une personne en vie.

Quand au suicide assisté, le médecin donne la substance mortelle au patient qui la prendra lui-même pour mettre fin à sa vie.

1 – Les soins palliatifs

Ils ont été mis en œuvre dans la fin des années 80, pour atténuer la douleur physique, accompagner dignement les malades, préserver leur fin de vie, soutenir l'entourage.

Elisabeth Kübler-Ross fut une pionnière de cette approche.

Cette psychiatre helvético-américaine est connue pour avoir décrit les cinq étapes pré-agoniques selon elle, ayant analysé les différents stades émotionnels par lesquels passe une personne qui apprend sa mort prochaine. Soit :

❋ La dénégation totale

C'est la réaction typique de tout être choqué. Le « non, ce n'est pas possible » permet d'amortir l'impact de la prise de conscience de la mort véritable.

❋ La rage et la colère

C'est le rejet de Dieu, le contrechoc au stress psychologique et physiologique.

❋ Le marchandage

Il arrive au bout d'un temps variable.

La personne accepte alors le fait de sa mort mais essaye de gagner du temps, surtout en promettant à Dieu d'être bonne, ou de faire telle chose en échange d'une semaine, d'un mois, d'une année de vie.

❋ La dépression

La personne pleure d'abord les épreuves passées, les choses non faites, les torts commis. Elle fait une sorte de point de sa vie.

❋ L'acceptation

C'est l'ultime étape. Le mourant devient calme, ne veut plus de visiteurs. Il a réglé en général ce qui devait l'être. Il est vide de sentiments. Il accepte l'abandon de sa vie terrestre et tout ce qui l'y attache.

Bien sûr, tous ne passent pas par tous ces stades, ni dans le même ordre, ni au même rythme.

La loi du 31 juillet 1991 introduit les soins palliatifs dans la liste des missions de tout établissement de santé.

Les soins sont pratiqués à l'hôpital ou au domicile.

Au fil des années, le nombre de services de soins palliatifs a progressivement augmenté.

2 – Droit à une fin de vie digne et apaisée*

En France, en 2002, le malade a le droit d'être informé de son état de santé, et qu'aucun acte médical ni traitement ne soit « pratiqué sans son accord libre et éclairé ».

Reste le problème du respect de la volonté du patient.

La loi Léonetti en 2005 permet à toute personne majeure de rédiger un document écrit dénommé directive anticipée.

Dans ce cas, les soins médicaux ne doivent pas être poursuivis de manière déraisonnable.

La loi du 2 février 2016 crée de nouveaux droits en faveur des malades et personnes en fin de vie et pose le principe selon lequel toute personne a droit à une fin de vie digne et apaisée.

Les directives anticipées s'imposent désormais au médecin pour toute décision d'investigation, d'acte, d'intervention ou de traitement, sauf en cas d'urgence vitale.

La loi autorise l'administration, à la demande du patient et jusqu'au décès, à une sédation profonde et continue provoquant une altération de la conscience, associée à une analgésie et à l'arrêt des traitements.

Cette sédation est limitée à certains cas : patient atteint d'une affection grave et incurable et dont le pronostic vital est engagé à court terme, présentant une souffrance réfractaire

---

* Vie publique, février 2018

aux traitements, si l'arrêt de ces derniers est susceptible d'entraîner des douleurs insupportables.

Cette sédation n'a pas pour but le décès mais l'évolution naturelle de la maladie, par l'arrêt des traitements et l'administration de morphine.

3 – La question de l'euthanasie et du suicide assisté

Pour Jean-Luc Romero, président de l'ADMD (association pour le droit de mourir dans la dignité), l'acharnement thérapeutique est toujours une réalité et tout le monde n'a pas accès aux soins palliatifs par manque de gestion et de place.

En France, en 2018, des députés demandent le vote d'une nouvelle loi, réclamant le droit pour chacun de choisir sa fin de vie.

4 – Arguments avancés par les personnes qui sont « pour »

Elles considèrent que les soins palliatifs ne peuvent pas toujours apaiser entièrement le malade. L'euthanasie est alors une porte de sortie pour en finir avec :

→ des souffrances intolérables physiques et morales ;

→ la perte de contrôle de son propre corps ;

→ la sensation d'étouffement ;

→ la déformation du corps ou du visage ;

→ la perte définitive d'autonomie, vivre « comme un légume » dégradation inacceptable ;

→ l'épuisement émotionnel, la panique, les angoisses ;

→ le sentiment de dépendance totale et d'inutilité ;

→ le sentiment d'être abandonné dans ses souffrances ;

→ le respect de la vie, l'homme étant le seul maître de sa vie et de son esprit ;

→ afin d'éviter des dérives ou une clandestinité du geste, il est préférable qu'il soit effectué dans un cadre médicalisé ;

→ pour épargner les proches selon le désir du malade ;

→ pour éviter de soigner à tout prix ;

→ parallèle IVG, interruption de la vie : c'est permis.

5 – Arguments avancés par les personnes qui sont « contre »

→ peut être assimilé à un suicide ;

→ incompatibilité avec le « serment d'Hippocrate » ;

→ responsabilité si la décision doit être prise par un tiers en cas de personne inconsciente ou en handicap mental ;

→ peut être considéré comme un homicide, le droit de « tuer » atteignant l'intégrité morale du médecin ;

→ dérapages et dérives ;

→ difficultés psychologiques vécues par le personnel soignant ;

→ mort non « vécue » ;

→ risque d'entraîner un glissement plus large ;

→ encouragement du suicide en général.

La liste des raisons « pour » ou « contre » n'est pas exhaustive. J'ai évoqué les principales.

6 – Euthanasie et suicide assisté, dans différents pays, en 2018

L'euthanasie est un « acte pratiqué par un médecin qui met intentionnellement fin à la vie d'une personne, à sa demande expresse et volontaire ».

Le suicide assisté est « le fait qu'un médecin aide intentionnellement une personne à se suicider ou lui en procure les moyens médicalement, suite à sa demande expresse et volontaire ».

Les Pays-Bas ont légalisé l'euthanasie et l'aide au suicide assisté depuis 2001 ; à ce jour cela est possible dès l'âge de 12 ans.

La Belgique depuis 2002 pour les personnes majeures et depuis 2014 pour les mineurs « dotés de capacité de discernement ». Dans les deux cas, sous certaines conditions que je ne détaillerai pas ici.

Le Luxembourg : l'euthanasie et l'aide au suicide assisté sont légaux depuis 2009.

La Suisse autorise le suicide assisté hors de l'enceinte de l'hôpital sous contrôle des proches ou d'une association qui œuvre pour le droit de mourir.

Le Montana et l'Oregon aux Etats-Unis autorisent le suicide assisté.

Les lois et les pratiques continuent d'évoluer dans différents pays.

En conclusion, ce thème fait l'objet de nombreuses polémiques. Il y a les « pour » et les « contre », les mitigés, les indécis, les opposants.

Je pense que seule la personne concernée peut prendre une telle décision en son âme et conscience.

Bien que je ne considère pas qu'écourter sa vie soit une décision juste, je ne me permets pas de juger car on ne peut se mettre à la place de l'autre qui décidera de mettre fin à son chemin en fonction de ses propres souffrances.

Pour opter à cette solution, il faut y avoir mûrement réfléchi. A mon sens, rien de bon ne se fait dans la précipitation.

En parler avec ses proches, leur dire au revoir et régler les conflits, les vieilles rancœurs, les dernières affaires pour ne rien laisser en suspend, comme on le fait lors d'un décès « normal », si on en a le temps, la capacité et l'envie.

Il faut arriver à une certaine sérénité, avoir un grand courage et la certitude que tout sera bien ainsi.

Attention néanmoins aux dérives, si la liberté du choix donné est trop grande.

Nos croyances et notre religion interfèreront certainement dans cette décision.

À notre époque où la mort est encore taboue, il est temps de se poser des questions. Mourir n'est-il pas aller vers un autre chemin ? Passer vers autre chose ? Se rendre dans une autre réalité ? Cela peut-il influer sur la décision d'écourter ses jours ou pas ?

Le chapitre suivant vous aidera certainement à répondre à ce questionnement puisqu'il traite de deuil et spiritualité.

Chapitre 6

Deuil et spiritualité

*« La vie est éternelle
et l'amour est immortel ;
la mort est seulement un horizon,
et un horizon n'est rien
sauf la limite de notre vue. »*
Rossiter Raymond

« Tout débute par un profond silence ou des cris de désespoir. La perte d'un être cher est l'épreuve la plus dramatique dans la vie d'un individu.

C'est le désarroi total, le vide intense et si douloureux, si personnel à chacun.

Mais, dans beaucoup de cas, cela permet l'ouverture à une autre dimension, une dimension sacrée, d'espoir et de renouveau. Oh, bien sûr, il faut le temps. Et à un moment, on sera surpris par certaines manifestations, certains détails qui nous font nous questionner.

C'est une chance inouïe de pouvoir le vivre.

Oh oui, la perte semble irrémédiable, insoluble, désarmante. Mais pour ceux qui ont la chance d'avoir des signes de l'être cher, cela sera un baume sur le cœur.

Ne croyez pas à ce moment que vous êtes fous ou que vous rêvez. Pris avec parcimonie ces signes sont bien réels.

Oui, nous vivons encore, de l'autre côté du voile, ou plutôt nous continuons, nous renaissons en quelque sorte.

Comme l'enfant qui naît, le décédé s'ouvre à une nouvelle réalité. Il sera bien accueilli et bien guidé vers son nouveau chemin de lumière.

Chacun a ses propres croyances, son cheminement.

On y croira… ou pas.

Quand ça se met en place comme une évidence (voir le chemin de l'auteure*), c'est une aide immense sur ce chemin de deuil qui débute dès le dernier souffle de votre aimé.

Gardez espoir, la vie est là, la vie sera.

Bernard »

---

* Voir *Le Phare dans la nuit, naissance d'un passeur d'âmes*.

1 – Témoignage de mon ouverture spirituelle

J'ai vécu plusieurs décès de proches dans ma vie mais le plus marquant, le plus décapant dirais-je, a été la mort de mon amoureux, en 1994 : Bernard.

Je ne reviendrai pas sur les détails de ce départ foudroyant puisque je l'explique largement dans mon premier livre*. Je me disais, en tout cas, que cela n'était pas possible, qu'à 37 ans on ne meurt pas. Quant à moi, j'avais 35 ans.

Le déni était bien normal comme réaction première. Je pensais me réveiller d'un cauchemar horrible.

Hélas, c'était la réalité, et juste après la colère a suivi, contre Dieu, ses saints, le ciel... et devant l'incompréhension surtout d'une telle situation, raz de marée imprévu juste après un divorce douloureux.

Et, à ce moment là, il est certain que je suis descendue dans un puits sans fond, que tout était remué en moi, que plein d'émotions et de sentiments douloureux surgissaient.

Puis, des manifestations se sont produites chez moi, je n'avais jamais connu cela auparavant.

Je commençais à voir des points lumineux au plafond ou des ombres passant dans le couloir. Je ressentais une présence insistante. Des odeurs de rose surgissaient je ne sais d'où. Les feuilles d'une plante bougeaient toutes seules alors qu'il n'y avait aucun courant d'air.

De son « vivant », Bernard voulait que notre chanson soit celle bien connue du film *Ghost*, choix bien curieux de sa part. Et, quand je mettais le CD, la musique avançait et reculait

---

* Op.cit.

toute seule. La télévision changeait de chaînes aussi assez fréquemment.

Le signe le plus troublant fut celui-ci : on construisait une clinique devant mon immeuble et nous observions souvent la grue, lui et moi, et l'avancement des travaux. Un jour, je regardai de ma fenêtre, repensant tristement à lui et à son absence dorénavant définitive. Je sentis une pression au niveau de la taille, comme si on m'enlaçait. Est-ce que ? Étais-je devenue folle ? Alors, je commençai à m'interroger...

Les explications et un message en écriture automatique d'une médium, trois mois après son décès, me firent réaliser qu'il était toujours vivant et qu'il voulait me le faire savoir. Les détails du message étaient nombreux et je ne pouvais pas douter, d'autant que, méfiante, j'avais tues les circonstances de sa mort à mon interlocutrice.

Tout cela changea complètement ma perception de la vie et de la mort. D'ailleurs, je ne connaissais rien sur ce sujet avant cet événement dramatique et mon chemin commença à s'orienter différemment.

J'ai avancé depuis 25 ans, en apprenant beaucoup sur le domaine de l'après-vie. Ça m'a permis d'évoluer grandement, de travailler à moi-même, de me former et d'affiner mes propres perceptions.

Après de longues années dans le secteur social, je me suis installée, pour aider les endeuillés notamment, puisque bien formée et ayant vécu plusieurs expériences différentes de la « perte » de mes êtres chers.

Je sais donc qu'ils sont toujours auprès de moi et qu'on ne les perd pas, même s'ils sont invisibles à nos yeux mais que nous serons toujours reliés par le cœur.

2 – La fin de vie et l'espoir d'une vie après la mort

Comme moi, de nombreuses personnes témoignent d'une vie après la mort, que ce soit suite à la mort d'un être cher, à une expérience de NDE ou EMI (*no dead experience,* expérience de mort provisoire).

Si ce sujet vous intéresse, vous n'aurez pas de mal à trouver des récits et des témoignages.

Dans la fin de vie et l'agonie, Elisabeth Kübler-Ross, pionnière des soins palliatifs, avait étudié les différents stades émotionnels énumérés un peu plus haut dans ce livre. Bien sûr tous les mourants ne passent pas par tous ces stades, ni dans le même ordre, ni au même rythme.

En tout cas, on craint moins la mort quand on est tranquille sur ses suites : foi religieuse, connaissance d'une vie après la mort et donc de la survie de l'âme.

3 – L'agonie, le passage, l'autre côté du voile

L'agonie n'est pas douloureuse et s'effectue avec une déconcertante facilité. Tout se relâche d'un coup.

Lors d'un décès brutal, l'âme est éjectée du corps et on entend souvent « il n'a pas souffert », ce qui est vrai. L'expérience de ce que vit chaque être humain au moment de sa mort est générale et indépendante de sa culture, de sa nationalité, de son statut économique.

L'expérience de mort est presque identique à celle d'une naissance. C'est renaître dans une autre existence, une suite même si elle est différente.

Après la sortie du corps physique, l'âme s'élève, observe, entend tout ce qui se dit autour d'elle. Elle a des perceptions nouvelles et ne peut plus communiquer avec les « vivants ».

Elle est en pleine possession de ses capacités : les aveugles voient, les sourds entendent, le handicapé ressent à nouveau ses membres. Il n'y a plus de notion de temps, celle-ci étant terrestre. Le lien fluidique (corde d'argent) qui reliait l'âme et le corps physique est rompu et le retour dans ce dernier s'avère donc impossible. Cela n'est pas le cas en présence d'une NDE puisque la personne doit vivre et comprendre certaines choses avant de réintégrer son corps pour reprendre sa vie dans la matière.

Le défunt prend alors conscience que la mort n'est qu'un passage dans une autre forme de vie.

Souvent, il restera auprès de ses proches jusqu'à son enterrement auquel il assiste. Puis il comprendra qu'il ne sert à rien de rester là et se dirigera vers son destin céleste, en empruntant dans la plupart des cas le fameux tunnel. Selon sa projection mentale, cela peut être aussi une porte richement décorée, une barrière, des tuyaux... Il peut y avoir une sorte de bruit, un bourdonnement et l'âme se sent emportée avec une grande rapidité à travers ce long tunnel sombre. Tout au bout rayonne la lumière, d'une clarté intense mais non aveuglante, qui l'attire irrésistiblement*.

Elle se sent remplie d'un amour indescriptible et inconditionnel. Puis, à l'arrivée au bord de la lumière, c'est l'accueil des proches décédés avant elle et d'êtres de lumière. Ils viennent à sa rencontre. Ils communiquent par télépathie.

En tout cas, il y a toujours quelqu'un pour nous accueillir et c'est bien souvent la personne qui nous aimait le plus.

C'est parfois aussi l'animal favori**.

On lui montrera alors le défilé de sa vie en 3D, elle en aura la compréhension totale, réalisera que ce séjour sur terre avait pour but son évolution en vivant des expériences heureuses ou malheureuses. Elle fera un bilan de sa vie terrestre, réalisant les conséquences résultant de ses pensées, de ses actes et de ses paroles. Elle se jugera elle-même car personne ne le fera, dans la lumière : ni Dieu, ni l'ange gardien, ni les êtres lumineux qui l'auront guidée pendant sa vie terrestre.

Pour 70 % des décédés, la voyage vers la lumière s'effectuera normalement. Pour les 30 % restants ce sera plus compliqué. Il faudra un certain temps d'adaptation. Cela dépendra de leur élévation morale, de leur taux vibratoire (taux d'énergie de l'aura) et de la manière dont ils auront joui des bienfaits terrestres. L'ignorance d'une vie après la mort, une vie très matérielle ou très sensuelle, le manque de qualités morales, l'égoïsme, le désintéressement pour la pratique du bien, entraînent des déséquilibres pour l'âme.

Cette dernière n'arrivera pas à s'élever et il faudra alors un repentir sincère de sa part, l'aide des personnes restées sur

---

* Voir témoignages dans *Le Phare dans la nuit, op.cit.,* p. 54 & 74.
** Voir *Basile* dans *Le Livre de la Vie, Messages célestes et autres bienfaits,* page 184.

terre, ou celle d'un passeur d'âmes* pour qu'elle puisse se dégager de la zone obscure où elle se trouve.

En tout cas, personne n'est abandonné.

Et là, je voudrais vous dire combien le lien du cœur avec votre être cher est important. La mort le rend invisible à vos yeux physiques mais le lien d'amour quel qu'il soit, qui s'est créé sur terre, ne se rompra jamais. Et c'est le fil conducteur des émotions de part et d'autre.

L'endeuillé, au début du chemin de deuil, devra travailler à lâcher les différentes émotions énoncées dans le chapitre 3, oh ! bien sûr, à son rythme et un peu à la fois, car bien souvent le temps n'y fera rien.

Le décédé ressent votre peine, votre souffrance et, même si elle est légitime, cela ne l'aide pas.

Il faut donc avancer sur le chemin en se délestant et en transmutant un peu à la fois sa peine, sa tristesse, sa colère. Le lâcher prise est indispensable pour permettre à votre aimé de continuer sa route sereinement, d'autant que, de son côté, il aura aussi à travailler sur ses erreurs terrestres et ses propres émotions et croyances erronées.

Envoyez-lui de l'amour, des pensées positives. Il arrivera et progressera plus facilement sur son chemin de lumière.

Chacun continuera sa route, vous sur terre où vous avez encore beaucoup de choses à accomplir, lui de l'autre côté du voile où d'autres tâches sont assignées. Elles sont très différentes pour chacun, comme sur terre en quelque sorte.

---

* Passeur d'âmes : médium émanant une aura très lumineuse, capable d'aider les âmes perdues à retrouver le chemin de la lumière.

Et, VOUS VOUS RETROUVEREZ...

Pour l'endeuillé, la reconstruction est nécessaire pour aller vers de nouveaux investissements dans tous les domaines. Et même si pour vous il est important d'aller au cimetière, ne le faites pas trop souvent ou espacez un peu à la fois vos visites : votre être cher n'y est plus. Il n'y a plus que son corps physique, véhicule terrestre désormais inutile. Seul le véhicule céleste, véhicule de l'âme, subsiste.

La prière est une constante importante aussi pour vous-même comme pour votre être cher ; quelle que soit votre religion, vos croyances, demandez de l'aide. Un monde céleste d'amour se met alors à votre disposition. Priez Dieu, vos anges, vos guides du ciel, votre famille partie avant vous et déjà bien intégrée. Si vous croyez en ces présences bénéfiques, votre chemin sera plus doux, allégé même si personne ne fera le travail de deuil à votre place. Vous pouvez prier dans l'intérêt de l'âme de votre décédé afin que le meilleur lui parvienne.

Vous pouvez invoquer, si c'est dans vos croyances, l'archange Azraël qui aide les endeuillés, les décédés et les thérapeutes qui, comme moi, travaillent dans le domaine du deuil.

Faire son deuil ne veut pas dire oublier l'autre, mais accepter — au bout d'un certain temps — qu'il ne soit plus là de la même manière et vit à présent « ailleurs ». On pourrait comparer cette situation à une personne qui part vivre dans un pays lointain et que vous ne voyez plus.

Je pourrais converser des heures sur ce sujet, là n'est pas le but essentiel de ce livre qui porte surtout sur le deuil, mais je ne pouvais exempter ce chapitre ; ayant moi-même vécu ces expériences, j'ai le devoir de vous informer. Et si j'arrive à vous faire avancer plus sereinement et de manière positive, j'aurai atteint mon but.

La connaissance de tout cela entraîne une perspective différente sur le thème vie-mort. Pour moi, le décès est un départ, un renouveau vers la vie, puisque tous nous retournons à la Source, à la maison. La vie sur terre n'est qu'un passage, et rien ne perdure.

Loin de moi l'idée d'imposer mes croyances et certitudes. Chacun gardera ses idées sur la question ou pas.

Bien souvent, quand l'ouverture survient, on change de cap et de but de vie. On peut alors, après avoir dépassé les souffrances et quand on a accepté cette « séparation provisoire », aider d'autres personnes qui vivent la même épreuve, s'ouvrir à la compassion et à l'entraide. Certains aideront les endeuillés dans une association d'aide au deuil ou en devenant thérapeute comme ce fut mon cas, en écoutant et ouvrant son cœur à l'autre, cet être en grande souffrance et en plein désarroi.

4 – L'idée du suicide

Je ne pouvais manquer d'évoquer ce thème.

La peine est immense, on ne voit pas de solution pour l'alléger, on pense notre être cher perdu à jamais. Il est impossible de vivre sans lui, on « meurt » de chagrin.

L'envie de le rejoindre « pour le retrouver » est tentante et apparaît, alors, comme la seule issue possible.

Cette idée est fréquente dans les premiers temps de la perte, car c'est insoutenable. Le « rejoindre » permettrait alors de garder un lien éternel avec lui.

Il est normal de ressentir tout cela, les idées noires et une grande fatigue apparaissent. Notre vie n'a plus aucun sens.

Ces pulsions diminueront au fil du temps.

Certains facteurs vont aggraver ces idées suicidaires : le manque d'estime de soi, le fait de penser qu'on est devenu un fardeau pour ses proches, la culpabilité.

Je reviens sur l'aspect indispensable de prendre soin de soi chaque jour en respectant ses besoins de sommeil et alimentaires, en gardant ses habitudes de vie structurantes, en prenant soin de sa santé.

De par cette perspective, vue sous un angle plus vaste, plus spirituel, je tiens à vous expliquer, sans jugement aucun de ma part, que mettre fin à ses jours n'est pas à envisager.

De l'autre côté du voile les plans sont innombrables. Il y a les plans tout en bas, près de la terre où les âmes errent, sont perdues et souffrent beaucoup. On peut nommer ce plan *« purgatoire » ou « bas-astral »*. Puis ensuite, 7 plans principaux, divisés en 7 sous-plans, eux-mêmes divisés en 7 sous-plans, etc.

Chacun ira dans le plan correspondant à son taux vibratoire (taux d'énergie à laquelle on vibre). Un taux bas ne permettant pas de monter très haut.

Votre aimé a donc atteint le plan qui correspond à son niveau d'évolution.

Vous êtes une personne différente, le suicide entraîne l'accession à un plan inférieur ou différent du sien selon les cas.

Par conséquent, vous vous y retrouverez seul, dans vos regrets et vos souffrances et ne le retrouverez pas ainsi.

C'est difficile, certes, de poursuivre la route après une perte si grande, mais vous avez le devoir de continuer. Votre vie n'est pas finie. Vous avez encore de belles choses à accomplir. C'est rendre hommage à votre aimé de poursuivre votre route terrestre. Vous vous retrouverez quand ce sera votre heure.

Il y a assez de gens compétents pour vous aider (médecin traitant, thérapeute, écoutant, association...).

Quand je reçois un endeuillé, nous évoquons l'étincelle de vie qui reste et commençons à dérouler ce que j'appelle « la pelote de laine » pour avancer. Ce fil symbolique est le fil de la vie. Le travail thérapeutique permet de faire un petit pas à la fois, et bien souvent des petits pas de bébé.

Des pas en avant, des pas en arrière, mais en ne quittant pas ce fil de vie. Ne perdez pas confiance en vous, vous savez ce qui est bon pour vous et il faut y travailler.

Oui, le chemin sera long, mais l'emprunter avec un soutien est important. Parler permet de trouver les raisons de combattre pour continuer le chemin. Ne restez pas isolé dans cette spirale infernale où la mort serait la seule issue.

J'espère vous donner du courage en témoignant. On peut

s'en sortir et vivre à nouveau. Moi aussi, je me suis retrouvée dans un trou noir, mais il faut souvent toucher le fond pour rebondir ensuite et continuer à avancer un pas à la fois. Certains jours, ce sera possible, d'autres pas, acceptez-le. Faites vous confiance. Ne restez pas seul, allez vers les autres et, un peu à la fois, votre vie retrouvera un sens.

L'ouverture éventuelle à une autre dimension vous donnera foi et confiance en la vie et vous trouverez alors assez de forces en vous pour continuer le chemin terrestre.

****

Message de conclusion :

« Vous voilà à la fin de ce chapitre. Que vous y croyiez ou non, le but de l'auteur a été d'évoquer son expérience avec sincérité pour vous redonner force et espoir. Ne lâchez rien, la vie vaut la peine d'être vécue. Chacun a son propre chemin, sa mission, ses joies, ses peines, ses buts. Ayez confiance en la vie. Vous n'êtes pas ici par hasard. Tout a sa raison d'être, faites confiance. Et, avant tout, faites-vous confiance. L'amour doit être votre moteur. L'amour pour vos proches certes, mais avant tout pour vous-même. Vous êtes la personne la plus importante au monde. Dire cela n'est pas faire preuve d'égoïsme, cela signifie vous respecter, prendre soin de vous physiquement, mentalement, émotionnellement et peut-être spirituellement. Vous n'êtes pas seul. Croyez-vous en votre ange gardien ? Oui ? Alors, priez-le ! Vous pouvez aussi demander grâce de

manière plus vaste, à l'Univers par exemple. Là sera « le pouvoir de la Grâce, renaître par le deuil », titre très bien inspiré à l'auteur.

Bernard »

Chapitre 7

Deuils et passages de la vie

« Parfois nos vies ont besoin d'être complètement chamboulées, changées et réorganisées, pour nous replacer à l'endroit où nous sommes censés être. »
(auteur inconnu)

On a tendance à penser, quand on évoque le mot « deuil », qu'il s'agit là de la perte d'un être cher.

Mais si on va plus loin dans la réflexion, cela est beaucoup plus vaste puisque « le deuil est un processus d'adaptation à toute perte ou manque qui a de la valeur pour nous. »

Tout est passage dans la vie, rien ne dure, et dès qu'il faut passer à autre chose, il y a un deuil à faire.

Petit deuil ? Grand deuil ? Cela dépendra, comme je l'ai déjà évoqué en fonction du chemin de chacun, de ses croyances, de son état émotionnel, de sa culture...

Dans les anciennes civilisations, les êtres étaient préparés à la mort et aux passages de vie : bouddhistes, tibétains, Égypte ancienne, Mayas, Amérindiens, etc.

Dans nos sociétés occidentales, hélas, presque pas de préparation à la mort qui est encore un sujet tabou.

D'autre part, et heureusement, de nombreuses personnes ont le bon vouloir de se faire aider en cas de difficultés de vie mais ce n'est pas le cas de tous. Le chemin est parfois âpre mais dans tous les cas, la renaissance vaut le coup.

Bien souvent pourtant, chacun fait son petit bonhomme de chemin seul, sans l'accompagnement d'un thérapeute qualifié dans ce domaine.

Dans les sociétés anciennes existaient des rites de passage, ce qui permettait de traverser en conscience les étapes initiatiques de la vie et de la mort.

La vie est parsemée d'une série d'expériences plus ou moins

faciles à vivre, et il faut en être conscient pour avancer plus positivement dans ce dédale.

À notre époque, de nombreuses personnes sont disponibles pour aider à ces passages de vie. Dès notre naissance, la sage-femme aide à notre transition sur terre. C'est une passeuse de vie.

Les thérapeutes aident les gens à dépasser, à transmuter leurs difficultés, les changements de leur existence, pour passer à autre chose et vivre autrement et mieux.

Les passeurs d'âmes, comme c'est mon cas, ou « facilitateurs des deuils et passages de la vie » soutiennent les êtres humains dans leurs deuils, perte d'être chers, chocs et gros changements à traverser. Ils sont indispensables aussi pour guider les âmes désincarnées qui n'ont pas trouvé le chemin de lumière suite à leur vie terrestre dissolue, matérielle, remplie de souffrances, d'émotions non lâchées... Mais cela est une autre histoire car beaucoup ne croient pas en la véracité de tels êtres, qui tels un phare éclairent et aident humblement et, bien souvent dans l'anonymat le plus complet, ces âmes perdues. Je ne peux dans ce domaine que témoigner de mon expérience sans pouvoir convaincre*.

1 – Les différents types de pertes

Une crise de vie peut entraîner une ou plusieurs pertes en même temps.

Je donnerai quelques exemples à chaque fois, car la liste est longue.

---

* Voir *Le Phare dans la nuit, naissance d'un passeur d'âmes*.

❊ **Les pertes affectives et relationnelles**

Mort d'un proche, séparation, divorce, ne plus pouvoir communiquer avec une personne qui part au loin, enfant qui quitte le foyer, perte d'un amoureux, etc.

❊ **Les pertes matérielles**

Vols, incendie de sa maison, perte d'argent, perte d'un bien, perte de marchandises, d'appareils, de cultures potagères, etc.

❊ **Les pertes sociales**

Départ à la retraite (perte d'un rôle social), licenciement donc perte d'emploi, départ en maison de retraite, fin de vie d'un groupe, changement de pays, perte d'aides sociales, exclusion, etc.

❊ **Les pertes en lien avec le développement de la vie**

Enfant passant le cap de l'adolescence, adolescent devenant adulte, perte de fécondité (ménopause), perte de la jeunesse, perte du rôle familial, etc.

❊ **Les pertes liées à l'intégrité physique ou mentale**

Maladie, pertes de mémoire, perte d'autonomie physique ou psychique (vieillesse, handicap), maladies dégénératives (ex : maladie d'Alzheimer), etc.

❊ **La perte de reconnaissance et d'estime de soi**

Ne plus se sentir bon à rien, se sentir inutile ou incapable de, perte de son image (ex : déformation suite à une maladie), etc.

✯ La perte d'idéal, de sens, d'illusion

Cela ne se passe pas comme on l'aurait voulu, projet raté non abouti, *burn out*, échec professionnel, etc.

✯ Les petites pertes de la vie de tous les jours,

pertes de temps, stress, frustrations quotidiennes, etc...

****

Je vous ai évoqué les principales pertes connues de tous, dans différents domaines, mais bien sûr on pourrait en ajouter à cette liste. D'autre part, le sentiment de perte est propre à chaque individu.

Toutes ces situations entraînent une souffrance plus ou moins grande et plus ou moins quantifiable.

2 – Les besoins de chaque individu

De là, on en arrive à évoquer les besoins de chacun pour retrouver une vie équilibrée et harmonieuse.

Je partirai de la théorie d'Abraham Harold Maslow, psychologue célèbre (1908-1970) pour son approche humaniste.

Il a élaboré dans les années 1940, une pyramide représentant la hiérarchie des besoins.

Cela reste une base d'étude, chaque individu, de par ses particularités, étant plus ou moins sensible à un besoin particulier, chacun jugera par lui-même.

La pyramide comporte 5 niveaux. La satisfaction des besoins d'un niveau entraîne le besoin du niveau suivant :

✵ Niveau 1 : les besoins physiologiques, la survie

Il s'agit de satisfaire ses besoins de base : manger, boire, se vêtir, respirer, dormir, sexualité satisfaisante, repos, logement décent et vie professionnelle adaptée.

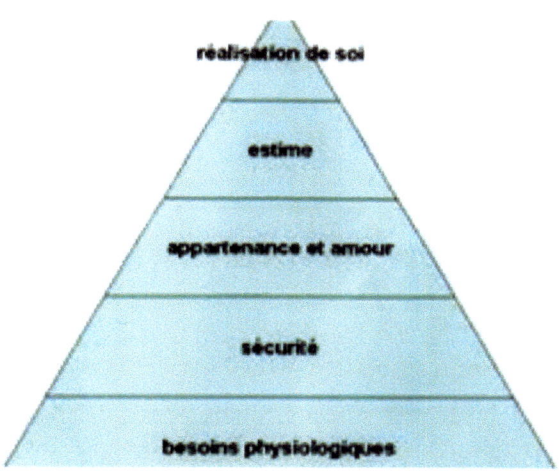

→ Pouvoir prendre soin de sa santé et augmenter son confort de vie diminue les facteurs de stress.

✵ Niveau 2 : les besoins de sécurité

L'organisation de sa vie entraîne la sécurité : s'occuper de sa santé, avoir un emploi stable, être propriétaire, avoir des biens et de l'argent suffisamment, faire confiance, se sentir en sécurité physiquement...

→ L'environnement stable entraîne les protections nécessaires sur les plans physique, mental, émotionnel, se sentir en confiance et pouvoir faire confiance.

✻ Niveau 3 : les besoins d'appartenance et affectifs

Aimer et se sentir aimé, avoir des amis, intimité du couple, vie de famille, être en contact avec d'autres personnes, s'exprimer, partager, obtenir un statut social, ne pas se sentir seul ou rejeté.

→ Je peux m'exprimer, partager, être accepté inconditionnellement pour ce que je suis, être écouté et compris, soutenu pour être reconnu dans mon vécu.

✻ Niveau 4 : l'estime de soi, la reconnaissance

Recevoir des autres des signes positifs, être reconnu, apprécié dans mon autonomie, innover. Faire un travail utile, avoir de l'indépendance.

→ Je suis un être unique, digne de respect (de ma personne, de mes valeurs...). Je me sens respecté en cas de maladie, de vieillesse, de handicap. Je me sens humain et conserve mon identité.

✻ Niveau 5 : la réalisation de soi, l'accomplissement

Epanouissement, réussite de sa vie, développement des connaissances et de son potentiel, de ses propres valeurs. Créer, résoudre des problèmes complexes.

→ Je donne un sens à ma vie, je me sens épanoui. Je suis un être réalisé car j'accepte ce que je suis et ce que je vis.

Et vous, où vous situez vous dans cette pyramide ? Intéressant de s'y pencher n'est-ce pas ?

En tout cas, tous ces grand et petit deuils non résolus, non exprimés, non acceptés entraîneront un raz de marée en cas de

« grand deuil » tel la perte d'un être cher et une perte totale de repères et de stabilité.

Libérer les émotions au fur et à mesure des étapes de notre vie nous soulage d'un grand poids.

En parler, pleurer, décharger dans une activité me semble primordial.

Le soutien d'un professionnel sera indispensable en cas de douleur insupportable et évitera l'apparition de problèmes supplémentaires comme la somatisation du corps physique (maladie : mal-a-dit, mal-être).

En 1989, le séisme commença pour moi : difficultés de couple, descente « aux enfers », incompréhension, communication impossible...

Vivre toutes ces années parfois de manière insupportable puis décider de divorcer pour me retrouver et m'équilibrer.

Oh oui ! Ce fut difficile : dépression, perte importante de poids, perte des repères, mais, comme toujours quand on est dans le désarroi, de belles personnes furent mises sur ma route pour m'aider à sortir la tête hors de l'eau : membres de ma famille, psychologue, collègues qui m'ont grandement soutenue. Et, même si je suis descendue au fond du trou, j'ai pu, grâce à ces personnes et au travail en développement personnel rebondir, m'en sortir et commencer un pas à la fois à aller vers « moi-m'aime ».

Le début d'une prise de conscience, douloureuse et arrivant avec fracas certes, fut indispensable pour changer la trajectoire et ma conception de la vie, car jusqu'alors je ne m'étais pas du tout remise en question.

Puis, ensuite, le décès brutal de mon ami Bernard, tel un raz de marée, m'a permis de m'ouvrir à quelque chose de plus vaste, de beaucoup plus lumineux, une fois la souffrance passée.

Rien n'arrive par hasard. La vie est faite d'expériences, bien souvent pour nous faire sortir de notre léthargie.

Concomitamment aux aides, il est important de continuer sa vie professionnelle, ses activités habituelles et se sentir digne de vivre malgré la perte endurée, quelle qu'elle soit.

Dépasser une crise, c'est vider « l'eau stagnante » aussi difficile que ce soit, pour aller vers quelque chose de plus beau, de plus grand, vers une vie plus épanouissante et pleine de sens.

Vous avez la force en vous. Il faut parfois cheminer longtemps, se tromper de route, faire des erreurs, essayer, douter, pour retrouver la bonne direction et faire de sa vie une réussite dans un état d'esprit résilient.

Chapitre 8

Aides et soutien

> « La nuit n'est jamais complète.
> Il y a toujours, puisque je le dis,
> puisque je l'affirme, au bout du chagrin
> une fenêtre ouverte, une fenêtre éclairée.
> Il y a toujours un rêve qui veille,
> désir à combler, faim à satisfaire,
> un cœur généreux, une main tendue,
> une main ouverte, des yeux attentifs,
> une vie, la vie à se partager. »
> Paul Éluard *(La Nuit n'est Jamais Complète)*

Quelle que soit la manière dont vous vivez votre deuil, il y a toujours de l'aide, une main tendue, des petits ou grands soutiens pour qui veut bien aller dans le sens d'une démarche, du désir d'avancer pour s'en sortir.

L'écoute de la famille et des amis sera peut-être à un moment insuffisante, car ces personnes ne sont pas formées à l'aide au deuil et ne sauront plus quoi dire.

Je vais donc, ici, énumérer différentes aides vers lesquelles vous pouvez vous tourner, séparément ou de manière complémentaire pour vous alléger un peu à la fois.

1 – Les aides humaines

❋ Les groupes de soutien et les entretiens

Vous trouverez, sur le net, des références connues de nombreux groupes de soutien. J'ai, moi-même été bénévole à l'association « Vivre son deuil » de Lille, qui a des antennes en France et en Europe. Le premier contact se fera par entretien téléphonique.

Si vous le désirez, un rendez-vous sera donné pour un entretien individuel personnalisé, l'écoutant étant un bénévole formé à l'accompagnement au deuil. Après quelques rencontres, vous pourrez, si cela vous convient, participer à un groupe de parole approprié à votre situation : parents endeuillés, enfants endeuillés, adultes endeuillés, jeunes adultes endeuillés.

D'autres associations proposent des groupes plus spécifiques pour veufs et veuves, pour les parents d'adolescents qui se sont suicidés, pour les victimes d'agression...

Le partage de ce vécu douloureux avec d'autres personnes dans des situations similaires permet de se sentir compris et accepté, de trouver des pistes et informations pour aller de l'avant.

C'est très aidant de savoir qu'on n'est pas seul à vivre ces souffrances et le partager procure un apaisement.

Vous trouverez facilement la liste de ces associations sur internet, elles sont nombreuses.

Je nommerais quand même la FAVEC qui aide aux démarches administratives après le décès, renseigne sur la législation et apporte un soutien psychologique.

❀ Les lignes d'écoute téléphonique

Vous pourrez échanger avec des bénévoles formés à l'écoute : exemples : SOS amitié, vivre son deuil, suicide écoute...

❀ Les forums de deuil

Partager avec des personnes qui ont connu l'épreuve du deuil pour se sentir moins seul, compris et entendu.

❀ Les spécialistes du deuil

Des professionnels sont formés à l'accompagnement du deuil car il est spécifique. Il a pour but d'aider la personne à trouver des ressources en elle et dans sa vie de tous les jours :
— le médecin traitant ;
— les psychologues ;

— les psychiatres ;
— les écoutants formés aux deuils et passages de vie.

Ici, je vais vous parler de ma propre expérience.

J'ai vécu de nombreux deuils (par mort brutale, par suicide d'un ami, décès familiaux, fausse-couche, divorce, séparations...), travaillé dans l'aide à la personne dans le secteur social de nombreuses années, bénéficiant de nombreuses formations d'aide à l'écoute. J'ai été formée en association d'aide au deuil : écoute et aide de l'endeuillé, à son accompagnement dans la prise en compte des problèmes qu'il rencontre pour l'aider à trouver ses propres solutions, au processus de deuil, à l'accompagnement des transitions de vie, au deuil après suicide, à la colère suite au deuil, au deuil périnatal.

Je peux donc aider les endeuillés suite à la perte d'un être cher.

J'ai aussi suivi des formations spécifiques pour les passages de vie : la méthode Samsarah par exemple qui permet de travailler sur des problèmes ou situations de vie pour évoluer. Elle entraîne des guérisons sur les plans physique, spirituel, émotionnel et mental.

La lecture d'aura qui par la lecture des différents corps invisibles permet de faire des guérisons sur les mêmes plans et d'engendrer des changements positifs dans sa vie.

Le caducée relationnel qui est un travail énergétique sur les différentes relations humaines.

La réintégration d'âme suite au vécu de chocs importants

pour se retrouver « entier ».

La thérapie du tunnel pour libérer des mémoires et émotions douloureuses.

À ce jour, je peux vous soutenir, dans le respect de vos croyances, vous guider, écouter vos souffrances, dans une situation de deuil, suite à la perte d'un être cher, de par mon chemin, ces formations et mes dons intuitifs.

Les soins énergétiques, le magnétisme sont proposés pour vous détendre, évacuer les émotions en douceur, vous ressourcer.

Je libère également les mémoires douloureuses de cette vie, les mémoires familiales négatives (trans-générationnel) et les mémoires karmiques car je prends en compte la personne dans sa globalité, tant au niveau physique qu'au niveau de l'âme.

Le but étant de guérir votre enfant intérieur blessé pour devenir un adulte épanoui et libéré de ses émotions négatives, des chocs et traumatismes de la vie.

2 – Autres ressources pouvant vous aider

– l'art-thérapie : c'est l'expression du ressenti à travers différentes techniques artistiques : peinture, sculpture, modelage, théâtre, musique, écriture...

– activité artistique personnelle ;

– l'écriture : ouvrage, article, lettre écrite au défunt pour déposer ses ressentis et émotions (la lire devant sa photo et la brûler pour transmuter) ;

– les activités calmant le mental : relaxation, méditation, qi gong, shiatsu, yoga, taï chi, les balades dans la nature, embrasser un arbre et laisser aller ses émotions dans ses racines, le recentrage, l'ancrage ;

– l'acupuncture, l'acupression ;

– les prières d'auto-guérison, les demandes d'assistance céleste ;

– l'homéopathie ;

– les huiles essentielles, l'aromathérapie (le cyprès console pendant le processus de deuil), demander conseil à un spécialiste ;

– les fleurs de Bach ;

– la sonothérapie ;

– la guérison par les couleurs ;

– prendre son enfant intérieur dans les bras, lui dire je t'aime, le consoler (je l'explique plus loin dans le « bonus ») ;

– lire des livres sur le thème du deuil et de développement personnel ;

– assister à des conférences sur le deuil et à des ateliers de croissance personnelle ;

– l'EFT : technique de libération émotionnelle par stimulation des points d'acupuncture ;

– la méthode Ho'oponoponoo (voir bonus) ;

– l'hypnose ;

– le reiki, les soins énergétiques ;

– l'équithérapie.

Il est bien sûr recommandé pour certaines méthodes de se rapprocher d'un thérapeute formé à ces techniques.

D'autres approches complémentaires peuvent être très utiles et vous apporter du réconfort, cette liste n'étant pas exhaustive.

Pour terminer ce chapitre, je dirais que tout ce qui vous apporte du bien-être est un plus.

Pensez à prendre soin de vous, mettez une jolie robe, appelez un ami, prenez un bain revigorant, jardinez, occupez-vous de vos animaux, allez à la mer, marchez en forêt...

Cherchez ce qui vous fait du bien et faites-le.

Vous en êtes digne car, tout compte fait, la personne la plus importante au monde : C'EST BIEN VOUS !

Chapitre 9

But de ces situations
Reconstruction

« La douleur d'hier est la force d'aujourd'hui. »
Paulo Coelho

Je considère que la vie sur terre est le terrain de jeu idéal pour notre évolution personnelle.

Le chemin est parsemé de joies et aussi d'embûches, qu'on qualifiera tantôt d'épreuves ou d'expériences de vie. Nous rencontrons de nombreux deuils dans nos vies, j'en ai énoncé la plupart.

Chacun a son idée sur ce sujet et pour ma part je désire partager mes idées et mes convictions. Chacun en prendra bien évidemment ce qu'il veut, car chaque vision sur la vie et sur la mort est respectable.

Donc oui, le chemin peut être ardu et notre vie n'est pas parfaite, et bien heureusement, car pour ceux qui en sont désireux et conscients, cela permet de travailler à soi-même.

Comment faire, que vous viviez un deuil ou un passage difficile ?

Tout d'abord écoutez et ressentez vos émotions. Elles sont votre boussole et vous préviennent quand vous perdez le cap de la quiétude. Acceptez-les au lieu de les enfouir au fin fond de vous-mêmes, c'est à dire dans votre inconscient. Sinon, tôt ou tard, ce paquet remontera...

Pour ne pas laisser votre mental prendre le dessus, ramenez vous toujours au moment présent. Je le conçois, c'est un travail de tous les instants mais cela vaut la peine d'essayer, de ne pas laisser courir votre « petit vélo dans la tête ». Se fixer ainsi chasse les peurs irraisonnées.

Le travail sur soi demande courage, volonté et persévérance, c'est le travail de toute une vie mais il s'avère payant. Exprimer par les mots évite les maux en tous genres.

Je pense que nous avons choisi les grandes étapes de notre existence avant notre naissance : les personnes rencontrées, proches ou moins proches croisées durant notre vie.

Vivre un deuil est une épreuve très douloureuse et l'acceptation arrivera d'autant plus vite quand on comprendra que cette étape était nécessaire à notre évolution personnelle. Cette expérience intense, qui nous remue et balaie tout sur son passage, nous permet d'apprendre : sur les autres, sur nous-mêmes, d'aller au fond de soi pour se trouver ou se retrouver. Bien sûr, il faut le vouloir et y accorder le temps nécessaire. Un deuil ne se fait pas en un jour, le chemin sera souvent long et fait de périodes de désespoir mais, un peu à la fois, avec de l'aide et de la compréhension, on en ressortira grandi.

Dans mon cas, la perte brutale de mon ami m'a permis, après une période de tourmente et de travail sur moi, d'orienter ma vie différemment pour aider les autres puisque ce vécu me permet de comprendre leurs souffrances et notamment celle des endeuillés.

Chacun en retirera ce qui est nécessaire à un chemin plus harmonieux, plus ouvert peut-être. Cela vaut le coup de prendre le temps d'y travailler et d'y réfléchir.

Pour ceux qui sont croyants, et qui pensent que des êtres nous aident de l'autre côté du voile — dans le ciel comme on dit — je vous invite à prier Dieu, votre ange gardien, les anges, les archanges, les saints et toute divinité que vous aimeriez invoquer, avec votre cœur. Ils ne demandent qu'à vous aider. Nous avons tous également des guides, ces êtres lumineux ont connu de nombreuses vies terrestres comme nous, ils nous comprennent donc totalement et émanent d'un amour inconditionnel, sans nous juger de toute notre vie. Ils nous envoient vers les situations et les bonnes personnes, les bons ouvrages pour la bonne poursuite de notre route terrestre.

Vos êtres chers, partis eux aussi, peuvent vous aider au bout d'un certain « temps », quand ils ont eux aussi trouvé la plénitude de la lumière.

Vous êtes libres de croire ou pas à ce que je viens d'évoquer, quoiqu'il en soit je vous souhaite d'aller vers l'étape de reconstruction. Cette dernière n'arrivera qu'à condition d'avoir accepté de lâcher votre défunt, sinon vous serez bloqué sur votre parcours.

La reconstruction c'est faire de nouveaux projets, des activités nouvelles, de penser à l'être cher avec sérénité.

Faire le deuil ne veut pas dire oublier, mais vivre avec son être aimé dans le cœur, accepter de vivre autrement et de donner un sens différent à sa vie. Ce n'est pas non plus le perdre.

Le lien du cœur ne se rompra jamais. Les souvenirs sereins, l'organisation de rituels personnels et positifs maintiendront une relation stable et apaisée avec votre défunt.

On peut alors penser à lui ou à elle en se disant qu'on a eu l'immense privilège de le ou la connaître.

« Ce qui a été sera ».

Épilogue

« Il y a quelque chose de plus fort que la mort,
c'est la présence des absents,
dans la mémoire des vivants. »
Jean d'Ormesson

Chaque personne vit ses drames, ses deuils et ses blessures de façon unique et individuelle.

Les variables intervenant : les messages reçus, les circonstances particulières de la petite enfance, les attachements privilégiés qui se sont formés, la santé, la créativité, l'environnement physique, culturel, social...

À ce sujet, je vous propose de méditer sur une phrase de Wayne Dyer (Docteur en psychologie sur le développement personnel, auteur de nombreux livres sur le sujet, conférencier) :

« Avec tout ce qui vous est arrivé dans votre vie, vous pouvez pleurer sur votre sort ou percevoir ce qui vous est arrivé comme une occasion favorable. Tout ce qui advient peut être perçu soit comme une possibilité de croissance, soit comme un obstacle à votre développement. En définitive, c'est vous qui choisissez et personne d'autre. »

Cette phrase peut sembler dure à accepter suite à la perte d'un être cher. Néanmoins, agir dans le bon sens vous permettra de vous aimer davantage. Soyez amour avec vous-même. Il est de votre devoir de prendre soin de vous. Ce n'est pas de l'égoïsme mais du respect. L'égoïsme est de vouloir que l'autre fasse comme vous voulez.

Les épreuves de la vie font partie de votre évolution et vous mènent vers la sagesse.

Traverser les deuils et passages de vie demande un effort avec des pas en avant, des pas en arrière, mais vous prépare vous aussi à votre futur passage vers l'autre vie, ou vers une mort sereine, au moins, si vous ne croyez pas à l'après-vie.

Semez des fleurs le plus possible sur votre chemin puis sur celui des autres et le moins de mauvaises herbes possible. Car, ce sont ces fleurs que vous emporterez comme seul bagage avec vous, dans votre âme.

Vous retrouverez alors vos êtres chers qui vous attendent tous lumineux et remplis d'amour, les bras grands ouverts.

Bonus

Exercices et conseils

Vous choisirez ce qui vous convient,
en essayant selon vos besoins et votre attirance.

RECENTRAGE POUR TOUS

Mettre la main gauche sur le nombril et la main droite par dessus, en étant allongé sur le dos, yeux ouverts.

Respirer de façon agréable et détendue mais volontairement dans le but d'activer soi-même sa respiration pendant 5 minutes. Dans un premier temps, le pratiquer tous les jours (pendant 15 jours), pour ensuite l'espacer à un jour sur deux. Cet exercice apporte un apport énergétique systématique. Il est moins efficace au réveil parce qu'il ne se détache pas assez du reste à cette période de la journée.

EXERCICE DE NORMALITÉ

Dire : « Même si j'ai de la peine, même si je suis en colère,
Je prends soin de moi... c'est normal.
Etre serein, c'est normal. »
Même si……………………………….
Même si……………………………….
(Adapter la phrase à ses besoins et ressentis.)
A faire pendant 3 semaines, 3 fois par jour.

ÉVACUATION DES ÉMOTIONS NÉGATIVES

Tristesse, colère, culpabilité, angoisse, peur, honte, inquiétude...

Par exemple, je suis triste, dire :

« Tristesse je te remercie d'être là, je t'entends et tu m'as été utile un certain temps mais maintenant je n'ai plus besoin de toi, tu peux partir ».

Si c'est difficile, dire : STOP, ça suffit, maintenant tu peux repartir (dans ce cas là, l'égo insiste).

Ressentir où se loge l'émotion en question dans le corps (ventre ? poitrine ? gorge ? ailleurs ?), la visualiser (forme, couleur) et l'imaginer en train de sortir du corps (en fumée par exemple).

Ressentir le soulagement.

Il faut parfois s'exercer plusieurs fois pour que cela puisse se faire et devenir efficace.

❈ Ce qui a tendance à décentrer, c'est

– de croire qu'il y a des choses plus importantes que notre santé ;
– d'avoir des opinions sur nous-mêmes contraires à la réalité ;
– de nous auto-malmener ;
– de trop nous occuper de qu'il nous reste à faire ;
– d'utiliser notre bienveillant corps comme un esclave ;
– de répéter les erreurs d'hygiène de vie en espérant que cela n'aura aucune conséquence ;
– de toujours placer les idées des autres devant les nôtres ;
– de considérer que cette liste s'arrête là.

Recentrages intermédiaires pour se soulager et/ou progresser plus vite :

Il est possible d'effectuer des mini recentrages pour compenser et rattraper ce qui se passe lorsque nous sommes confrontés à des évènements déstabilisants ou pour accélérer notre progression dans l'utilisation du phénomène énergétique.

Nous pouvons faire des petits recentrages ponctuels chaque jour même jusqu'à trois fois par jour. Voici deux façons de les pratiquer :

– joindre les mains (paume contre paume ou l'une sur l'autre sur la table) en associant cette position à trois respirations conscientes légèrement plus fortes que d'habitude (par exemple chaque matin au petit déjeuner) ;
– mettre ses mains sur le nombril, la gauche en-dessous, et

faire des respirations discrètes mais conscientes pendant deux à cinq minutes (exercice réalisable partout y compris dans une salle d'attente, dans les transports en commun, etc).

Cet exercice de recentrage a pour vertus de pouvoir nous soulager le corps mais aussi de nous clarifier l'esprit avant de faire un choix important.

Ces exercices simplissimes, très courts et systématiquement bénéfiques pour la santé, peuvent être conseillés à tout un chacun.

POUR SORTIR DES TUMULTES DU MENTAL, AUGMENTER SON TAUX VIBRATOIRE ET RAYONNER

Choisir un espace propice à la détente, mettre de la musique douce.

Respirer amplement, inviter le calme en soi jusqu'à être détendu.

Laisser passer les pensées sans se juger.

Visualiser un point lumineux au centre du cœur, qui s'illumine et grandit. À un moment il dépasse les limites du corps physique et peut même englober toute la pièce.

Dire le mantra suivant : « je me branche à l'être suprême et à mes parties lumineuses. Je suis sagesse, amour pur, je suis lumière pure. Je diffuse ces qualités au travers de tout mon être et je les rayonne partout et en tous temps. »

Le faire tous les jours pendant une dizaine de minutes.

NETTOYER SON CORPS ÉMOTIONNEL

Il suffit de confier toutes ses émotions perturbantes à un élément de la nature : arbre, ruisseau, champ...

Lui dire : « je t'offre tous mes moments de colère, de tristesse, d'angoisse, de peur... pour que tu les transformes en quelque chose de positif ».

À faire de temps en temps quand on se sent envahi d'émotions, pour se libérer de tensions, de stress et identifier les émotions qui nous perturbent.

SE NETTOYER ET SE RESSOURCER GRÂCE À UN ARBRE

Appuyer son dos contre le tronc d'un arbre, celui qui nous attire ou qui se trouve dans notre jardin.

De votre cœur, imaginer une racine qui descend dans votre ventre, se sépare ensuite en deux dans chacune de vos jambes. Envoyez dans ces racines toutes vos émotions négatives. Ces dernières partent dans les racines de l'arbre et retournent à la terre pour être transformées.

Demandez à l'arbre de vous recharger en énergie bénéfique. Imaginez cette dernière remontant par ses racines, arrivant dans vos pieds et remontant par vos jambes et votre ventre jusqu'à votre cœur.

Restez contre l'arbre quelques minutes.

Prenez-le dans vos bras. Remerciez-le de son aide.

EXERCICES INSPIRÉS DE
LA MÉTHODE HO'OPONOPONOO

Ce dernier terme signifie rectifier, corriger en libérant de l'énergie positive.

Le miroir : se regarder chaque matin dans un miroir et se dire :

→ *(Prénom),* je t'aime vraiment (3 fois).
→ Je m'aime et je m'accepte infiniment (3 fois).
→ Je m'aime et je me respecte (3 fois).
→ Je m'aime et je me pardonne (3 fois).

Puis dire 10 fois à soi-même dans le miroir en se regardant :

→ Je suis désolé.
→ Pardon.
→ Merci.
→ Je t'aime.

Quand vous faites cet exercice régulièrement et sans douter, vous obtenez des réponses et vous vous auto-guérissez.

LA RESPIRATION CIRCULAIRE

Inspirer et expirer simplement à 7 reprises, sans interruption, sans marquer de pause entre l'inspir et l'expir :
→ ancre, centre et purifie.
La clé est de le faire consciemment.

LA GUÉRISON DE L'ENFANT INTÉRIEUR

Il est illusoire d'espérer être aimé par la terre entière, déjà on ne peut plaire à tout le monde, et donc d'essayer de trouver des réponses et parfois du réconfort à l'extérieur, d'attendre trop des autres ou de leur rejeter la faute (ce qu'on a tendance à faire bien souvent).

Donc, d'abord aimons nous nous-même, ce qui est souvent difficile à faire, il faut en avoir conscience.

C'est l'enfant intérieur qui est en souffrance, il est le siège de nos émotions. Ce n'est pas l'adulte qui souffre mais ce petit enfant qui se manifeste en vous par de la colère, des sautes d'humeur, de la tristesse, etc.

Ce petit enfant demande à être entendu et écouté. Qu'à-t-il sur le cœur ?

Comment faire ?

Imaginez votre petit garçon ou petite fille intérieurs tel que vous étiez vers l'âge de quatre ou cinq ans, imaginez-le, visualisez-le tel qu'il était à l'époque.

Prenez-le dans vos bras, et dites-lui : « je te comprends, je t'entends, viens dans mes bras, je te fais un gros câlin, je t'aime. » Visualisez-vous le faisant.

Evaluez ses besoins et rassurez-le, dites « tout va bien, je suis là, tu n'es pas seul(e).

Et demandez à votre âme, votre JE SUIS de vous aider car elle connaît tout de vous.

Vous devriez alors ressentir un soulagement, de la douceur rapidement.

N'hésitez pas à faire cet exercice à chaque fois que c'est nécessaire car cet enfant intérieur guide vos pas d'adulte. Faire la paix avec lui pour le guérir (notamment quand il y a eu des blessures dans l'enfance) permet de se libérer du passé et de retrouver son équilibre.

Vous pouvez aussi demander l'aide d'un thérapeute qui vous aidera à soigner cet enfant intérieur, ou lire des livres sur le sujet.

LES ACCORDS TOLTÈQUES

Pour vous aider encore, je voudrais terminer en vous parlant des 4 accords toltèques. Les appliquer le plus possible chaque jour permettra d'améliorer et de réussir votre vie.

Ils nous sont enseignés par Miguel Ruiz, chaman mexicain.

Ces 4 accords visent à briser nos croyances limitatives développées depuis l'enfance ; elles distordent la réalité et nous maintiennent dans la souffrance. Avec les conditionnements culturels et éducatifs (juste ou faux, bon ou mauvais, beau ou laid...) et les projections personnelles (je dois être gentil, je dois réussir...), nous avons intégré une image fausse de nous-mêmes et du monde. Ces accords nous permettent de prendre de la distance.

1 – QUE TA PAROLE SOIT IMPECCABLE

C'est le pouvoir du verbe sur le psychisme. Parlez avec intégrité, dites ce que vous pensez le plus possible. N'utilisez pas la parole contre vous ni pour médire d'autrui. Les mots ont du poids, peuvent construire ou détruire. Parlons peu, parlons vrai, en valorisant nos atouts et ceux des autres.

2 – N'EN FAITES PAS UNE AFFAIRE PERSONNELLE

Ce que les autres disent et font n'est qu'une projection de leur propre réalité. Immunisé contre cela, vous n'êtes plus victime de souffrances inutiles. Les paroles et actes de l'autre lui appartiennent. C'est l'expression de sa croyance. Ce n'est pas vous. Donc prendre du recul, laisser à l'autre la responsabilité de sa parole ou de ses actes calme nos peurs, la colère, la tristesse ou les réactions de défense. Ça calme le jeu.

3 – Ne faites aucune supposition

Ayez le courage de poser des questions et d'exprimer vos vrais désirs. Communiquez clairement avec les autres pour éviter tristesse, malentendus et drames. Cela implique d'apprendre à écouter et être capable d'entendre. Nos suppositions sont des créations de notre pensée, une croyance qui entraîne stress et angoisse.

4 – Faites toujours de votre mieux

Et vous éviterez de vous juger, trouverez le juste équilibre propre à vous-mêmes. Ce qui est juste pour soi ne dépend d'aucune norme.

Trop en faire = se vider de son énergie.

En faire moins = vous pouvez ressentir frustrations, regrets et culpabilité. Se respecter est donc important.

BIBLIOGRAPHIE

Bongianni Alessandro et Campana Tiziana, *L'Égypte ancienne,* Éditions Atlas, 2010.

Poletti Rosette et Dobbs Barbara, La résilience, Éditions Jouvence, 2001.

Rinpoché Sogyal, *Le livre tibétain de la vie et de la mort,* Éditions de la Table Ronde, 1993.

Ruiz Miguel, *Les quatre accords toltèques, la voie de la liberté personnelle,* Jouvence Poche.

Soyez Jocelyne, *Le Phare dans la Nuit, naissance d'un passeur d'âmes,* Éditions Bookelis, 2013.

Soyez Jocelyne, *Le Livre de la Vie, messages célestes et autres bienfaits,* Éditions Bookelis, 2016.

Terhart Franjo, *Représentations de l'au-delà,* Éditions Elcy.

TABLE DES MATIÈRES

Prélude **11**
Chapitre 1 – Définition du deuil **17**
Chapitre 2 – Le deuil dans les différentes civilisations
                                            et religions **23**
   I Rites funéraires dans les différentes époques 27
     1 La Préhistoire 27
     2 L'Antiquité 28
        L 'Égypte 28
        La Grèce antique 30
        La Rome antique 31
     3 Les peuples anciens, quelques exemples 32
        Les Mayas 32
        Les Incas 33
        Les Aztèques 33
     4 Les Celtes 34
   II Le deuil dans les différentes cultures 36
     1 Le deuil dans la culture juive 37
     2 Le deuil dans la culture musulmane 38
     3 Le deuil dans la tradition chrétienne 39
     4 Le deuil dans la tradition hindoue 40
     5 Le deuil chez les Bouddhistes 42
     6 Rites funéraires de différents pays du monde 43
     7 Les funérailles du futur 45

Chapitre 3 – Le déroulement du deuil **47**
   I L'annonce du décès et la période de désorganisation .. 50
     1 Sur le plan matériel 51
     2 Sur le plan relationnel 51
     3 Sur le plan émotionnel 52
        La colère 52
        La tristesse 54
        La peur et l'anxiété 56
        La joie et l'espoir 57
   II La réorganisation 59
     1 Le pardon 61
     2 La résilience 62
     3 Le détachement 63

Chapitre 4 – Les deuils particuliers **67**
     1 Les endeuillés suite à suicide 69
        Concernant les adultes 69
        Honte et culpabilité 71
        Concernant les enfants 72

           Concernant les adolescents 74
    2 Le deuil périnatal 75
           Le deuil des frères et sœurs 78
    3 La perte d'un enfant plus grand 81
    4 Les morts brutales, le corps non retrouvé 84
           Deuil après une mort brutale ou subite 84
           Le corps non retrouvé 85
           Autres deuils pouvant entraîner
                                   des complications 87
           Les deuils non avouables et non autorisés 87
    5 Le deuil d'un animal 88
Chapitre 5 - L'euthanasie **93**
    1 Les soins palliatifs 95
    2 Droit à une fin de vie digne et apaisée 97
    3 La question de l'euthanasie
                              et du suicide assisté 98
    4 Arguments avancés par ceux qui sont pour 98
    5 Arguments avancés par ceux qui sont contre 99
    6 Euthanasie et suicide assisté, dans
                         différents pays, en 2018 100
Chapitre 6 - Deuil et spiritualité **103**
    Message en guise d'introduction 105
    1 Témoignage de mon ouverture spirituelle 107
    2 La fin de vie et l'espoir d'une
                              vie après la mort 109
    3 L'agonie, le passage, l'autre côté du voile 109
    4 L'idée du suicide 114
    Message de conclusion 117
Chapitre 7 - Deuils et passages de la vie **119**
    1 Les différents types de pertes 122
    2 Les besoins de chaque individu 124
Chapitre 8 - Aides et soutien **129**
    1 Les aides humaines 131
           Les groupes de soutien et les entretiens 131
           Les lignes d'écoute téléphonique 132
           Les forums de deuil 132
           Les spécialistes du deuil 132
    2 Autres ressources pouvant vous aider 134
Chapitre 9 - But de ces situations. Reconstruction **137**
Épilogue **143**
Bonus. Exercices et conseils **147**
Bibliographie **165**

©Jocelyne Soyez 2018

Édition : BoD - Books on Demand
12/14 rond-point des Champs-Élysées, 75008 Paris

Imprimé par
BoD - Books on Demand, Norderstedt, Allemagne

Achevé d'imprimer en novembre 2019
Dépôt légal : novembre 2019
ISBN : 9782322189137

Prix TTC : 13 euros